一种失败的心理习惯。中国是有五千年历史的文明古国。恭顺谦和、礼貌谦卑也一直都是传统美德。我们从很小的时候开始就一直潜移默化地受父母及身边的长辈影响，告诉我们和人不要争、不要抢，吃亏是福。

别让不好意思害了你

○ 连山　编著

线装书局

不好意思是一种心理习惯，
它使人做事拘谨、优柔寡断，
有时甚至有些卑琐，
最终会导致失败。

不好意思是自我设定的障碍，

勇敢一些，

将自己拉出封闭空间。

不好意思是逃避现实的躯壳，
勇敢地拉开心的窗帘，
你会发现别样的风景。

前　言

　　曾有心理学家指出，优秀是一种心理习惯，优秀意味着比别人有更多的自信，更为大方磊落，更加积极乐观。反观失败这种心理习惯，则更为拘谨，更加优柔寡断，甚至有时显得有些卑琐。正所谓心态决定命运，心理习惯与暗示所形成的心态就像一扇双向的门，一边通向成功，另一边通向失败，差别往往只是细枝末节上的。然而就是这些细微的差别，就可能决定一个人的命运。

　　不好意思就是一种失败的心理习惯。中国是有五千年历史的文明古国。恭顺谦和、礼貌谦卑也一直都是传统美德。我们从很小的时候开始就一直潜移默化地受父母及身边的长辈影响，告诉我们和人不要争，不要抢，吃亏是福。长此以往，导致现在有许多人不问世事，遇事不积极，总是委曲求全，越来越没有个性。

随着时代的发展，竞争愈发激烈。适者生存的环境下，人们渐渐选择躲在自己"不好意思"的躯壳中来逃避现实。"不好意思"已经变成了懦弱、自卑的代名词。生活中大部分的麻烦来源于你不懂拒绝一些无理的要求。我们每天都在被不好意思伤害着，短时期积累下来就是大危害，一辈子积累下来就是彻底让你失败。

造成"不好意思"的原因有很多种，不懂得拒绝、太过缺乏自信、爱面子等，这些都会使你经常把"不好意思"挂在嘴边。本书通过大量的事实和案例深入浅出地探讨了"不好意思"这种现象产生的原因，分析了"不好意思"的危害：不好意思争取合理利益，从而利益处处受损；不好意思拒绝无理要求，从而麻烦不断；不好意思赞美别人，从而失去升迁的机会……本书让读者彻底意识到不好意思的危害，引导读者去掉不好意思的心理，学会拒绝别人的不合理要求，学会赞美和沟通，不再懦弱和自卑，做生活中的主人，做内心强大的自己。

目 录

第二章　脸皮练得"厚"一些：
　　　　你必须过去的"不好意思"心理关

第三章　学会拒绝的艺术：
　　　　你可以说"不"

第四章　借人之力，成己之事：
　　　　这么做才"有点儿意思"

第五章　把话说到他心坎儿里：
　　　　您可"真够意思"

第六章　酒香也怕巷子深：
　　　　推销自己没什么"不好意思"

第七章　人脉都是设计出来的：
　　　　突破"不好意思"，把陌生人变成朋友

第八章　别人不说你一定要懂的"人情"绝学：
让对方"不好意思"拒绝

第九章　做人不能太老实：
超越"不好意思"，告诉大家你是个厉害角色

第十章　职场不输阵，敢秀才会赢：
　　　　　别让"不好意思"拖了后腿

第十一章　商场如战场：
　　　　　"不好意思"不值钱

第十二章　最高境界是方圆变通：
　　　　　　做个"好意思"的达人

第一章

死要面子活受罪：

都是"不好意思"惹的祸

死要面子，活得累

面子乃中国人社会生活的命之所系，很多人为了"脸上有光"而吃尽了苦头。

"饿死事小，失节事大"，看来肚子问题不是人生最大的问题，脸皮比肚子更重要。兵败乌江的西楚霸王项羽，"且籍与江东子弟八千人渡江而西，今无一人还，纵江东父老怜而王我，我何面目见之"，项羽无颜见江东父老，遂拔剑自杀。

人活脸，树活皮。人吃饭是为了活着，但人活着不是为了吃饭。故而，有权高位重却布衣素食的贤良，这就是尊严与气节。伯夷、叔齐属殷的旧臣，因武王起兵伐纣，便愤而跑到首阳山去吃野菜，发誓"饿死不食周粟"。后有人告之："普天之下，莫非王土，率土之滨，莫非王臣，你吃的首阳山的野菜，不也是周天子的吗？"伯夷、叔齐没话说了，为了面子，只好饿死，这叫死要面子。

男人刮脸，女人美容，油头粉面，眉黛唇红，都是为了面子；揭人不揭短，打人不打脸，也是为了面子。每个人都要面子，无论是有地位的人，还是平常百姓，没有面子，便没有脸见人，也就无法在社会和群体中生活，甚至会被社会和群体抛弃。

面子乃中国人社会生活的命之所系，很多人为了脸上有光而吃尽了苦头。

张小姐眼下正忙于结婚，她和男友决定举办一场隆重喜庆的婚礼，买婚纱就成了当务之急。她跑了很多家商场，有的婚纱她不满意，有的合心意却又买不起，她看中的一件法国进口婚纱标价为 28000 元，一般人哪能承受得了！再说，婚纱也许一生只能穿一次，除了富豪之家，谁也不愿意为这一次付出太高的代价。所以很多人都劝她租一套婚纱算了。可是张小姐不愿意因为只穿一次就委屈自己，也不愿意姐妹们夸她婚纱漂亮询问价钱的时候，说自己的婚纱是租的。于是她执意要花两万多买一套婚纱。而男友因为不想节外生枝，也只能把原先积攒的买房子的钱拿出一部分来，给她买这套昂贵的婚纱。

结婚那天，张小姐穿上买来的婚纱时，自然是引来了姐妹们的一番羡慕，可是一番得意以后，姐妹们散场后各回各家，过自己的生活，张小姐却开始后悔买这贵的衣服了，也只能把它收藏起来，而自己的房子又得推迟一段时间才能住上。

除了结婚时候讲排场，许多人请客吃饭时也讲面子。什么人该请不该请，什么人再三邀请，什么人只不过是随便请请而已，什么人坐首席，什么人作陪，一律取决于面子。被有面子的人请去吃饭固然有面子，能把有面子的人请来吃饭也同样有面子。请客的人，为了给客人面子，明明是觥筹交错，水陆杂陈，也得说

"没有什么菜"；被请的人，明明是味道不适、胃口不佳，但为了给主人面子，也得连连说"好吃，好吃"。人家吃了你的，你觉得有面子，吃饭就是吃面子。

婚事大办，请客大办，请人吃饭是掏自己的腰包，自己心疼。死要面活受罪，仿佛人就是为了面子而活，凡事都要在面子上较劲儿。

其实，真正体面的人，是务实的人。

春秋时鲁国的季文子就不讲面子，大夫仲孙宅劝他说："阁下身为鲁国上卿，辅两朝国君，却妾不衣锦，马不食粟，别人会以为你脸上无光，国家脸上也不好看。"季文子说："我只听说过美德仁政乃国之光华，没有听说小老婆穿得花枝招展，马儿吃得膘肥体壮，国家就有面子。"

如同戴着面具一样，自己有脸却让另一副面孔把自己盖住，游戏可以，做人行吗？唉，面子、面子，真是死要面活受罪！

死要面子的人一般都是一些胆小怕事者，每说一句话都要考虑别人会怎么看待自己，会不会因为这一句话而伤害某人；每做一件事都要瞻前顾后，生怕因为自己的举动而给自己带来不好影响。对领导、同事、朋友、邻居万分小心，那真是连个臭虫都不敢打死的谨慎之人。其实，你不可能做到使每个人都满意，而且自己又感觉那么累那么压抑，这是何苦呢？只要不违背常情，不失自己的良心，那么挺起胸膛来做人做事，效果一定会比死要面子来得好。

千万别陷入"面子观"的怪圈

顾名思义,"面子观"是一种死守面子、唯面子为尊的价值观念和行事思想。"面子观"对我们行事做人有很大的束缚。因此在不利的环境下我们要勇于说"不",千万别过多地考虑"面子",而陷入"面子观"的怪圈之中。

很多时候,我们常被人们支配,去做一些自己本不想做的事情。他们最常挂在嘴边的是:"你应当……""你帮我做……"一般人碰到这类要求,通常都很难回绝,尤其是提出要求的人是你最亲密的伙伴,"不"字就更难开口了。日子一久,这种互动关系定型后,就形成了一种默契或是彼此的承诺。

万一哪一天对方又要你做这个做那个,而你却坚持己见时,那会发生什么事呢?一方面,对方一定会勃然大怒,认为你违背了双方的承诺;另一方面,如果你坚持不做这些"应该"做的事,你会心生愧疚。

你可知道为什么会有愧疚感?这是因为双方过度的情感乞求所致。

你之所以会顺从对方的要求,说穿了,就是想通过这种顺从的表现来得到对方赞许、关爱的眼神儿,甚至取悦对方。

当这种取悦方法成了你行事的模式以后,拒绝对方的要求一定会让他很不高兴,而你也会觉得很对不起他。愧疚的感觉很像忧惧,而忧惧就好像是坐在一张摇摇椅上,你就只能这么晃荡着,看起来好像能将你摇向什么地方,但却只是在原地摆荡,让你什么地方也去不了。

不要忘了，我们有权利决定生活中该做些什么事，不应由别人来代做决定，更不能让别人来左右我们的意志，让自己成为傀儡。况且，他人并不见得比我们更了解情况，也不会比我们聪明到哪里去，所以，他们所提出的这类"理所当然"的事很可能不是我们的最佳抉择。

你的最佳抉择还是应该经由自己深入分析、思考之后，所做的独立判断来取舍。

事实上，我们常常过度在乎自己对别人的重要性。就好像我们常常听到调侃别人的一句话："没有你，地球照样在转动。"这句话的意思是说，没有什么人是不能被取代的。如果你把每一件事都看成是你的责任，妄想完成每一件事，这无异于自找苦吃。你真正该尽的责任是对你自己负责，而不是对别人负责。你首先应该认清自己的需求，重新排列价值观的优先顺序，确定究竟哪些对你才是真正重要的。把自己摆在第一位，这绝不是自私，而是表明你对自己道德意识的认同。

你虽然赞成这种说法，可是你觉得还是有些为难，你不知道该如何开口说"不"。

真有那么困难吗？其实那是我们的本能。心理学家说，人类所学的第一个抽象概念就是用"摇头"来说"不"，譬如，一岁多的幼儿就会用摇头来拒绝大人的要求或者命令，这个象征性的动作，就是"自我"概念的起步。

"不"固然代表"拒绝"，但也代表"选择"。一个人通过不断地选择来形成自我，界定自己。因此，当你说"不"的时候，就等于说"是"，你"是"一个不想成为什么样子的人。

勇敢说"不"，这并不一定会给你带来麻烦，反而是替你减轻压力。如果你现在不愿说"不"，继续积压你的不快，有一天忍耐到了极限，你失控地大吼："不！"面对难以收拾的残局，别人可能会反过头来不谅解地问你："你为什么不早说？"

如果你想活得自在一点儿，请勇敢地站出来说"不"。记住，你不必内疚，因为那是你的基本权利，别为了面子而委曲求全。

方圆有道，原则问题不能让步

人际交往中的矛盾如果以平等互利的方式来解决都是可以化解的。但是，如果矛盾涉及了原则性问题，那么就必须站稳脚跟，寸步不让，即使是细节也不能让。聪明人懂得，如果原则的问题也要让步，等于失去了做人的方向。

人们所说的原则性问题主要有两种，一是尊严，二是应得的利益。尊严是精神上的原则性问题，一个人格健全的正常人是不能允许别人轻易冒犯自己的，尊严受到损害有时比物质利益的损失更能让人感到痛苦和难以忍受。一个人的素养越高，越看重自己的人格与尊严，所谓"士可杀不可辱"，正是这个意思。

我们说在尊严问题上必须寸步不让，但在很多情况下是自己的尊严已被人严重地侵犯了，却还不知如何申辩，结果只能白白地受气。其实，别人侮辱我们的人格，并不就意味着他的人格有多高尚，如果我们能够了解对方，稍稍使用一点儿"心机"，以其人之道，还治其人之身，往往可以收到良好的效果，从而为自己讨回尊严。

　　在某大城市的一户人家，有一位乡下来的小保姆，由于性情实在，干活利索，给女主人留下的印象颇佳。但是，生性狐疑的女主人还是担心这位乡下姑娘手脚不干净，于是在试用期的最后几天想出个办法来试一试她。

　　一天早晨，小保姆起床要去做饭，在房门口捡到一元钱，她想肯定是女主人掉下的，就随手放在了客厅的茶几上。谁知第二天早晨，小保姆又在房门口捡到了一张5元的钞票，这让她感到很奇怪。"莫非是在试探我吗？"小保姆产生了这样的疑问。但她又很快打消了这个念头，因为女主人是位刚从科长位子上退休的体面人，怎么会做出这样侮辱人的事情呢？这样想着，她就把钱放进了茶几底下，但心里面还是留了个心眼儿。

　　到了晚上，小保姆假装睡下，从卧室的窗户窥看客厅中的动静。正当她困意袭来，准备放弃这一念头时，女主人竟真的悄悄到茶几前取钱来了。小保姆彻底惊呆了，怒火冲上了她的心头：怎么可以这样小看人！她咬了咬嘴唇，下定决心找回尊严。

　　次日早晨，小保姆又在房门口发现了一张钞票，这次是10元钱。她笑了笑，把钱装进了自己的口袋。到了傍晚，她在女主人下楼去跳广场舞之前把这10元钱悄悄地放在了楼梯上，准备也测试女主人一番。果不出小保姆所料，女主人之所以怀疑别人手脚不干净，是因为她自己正是一个自私而贪心的人，她在下楼时看见了那10元钱，当时就眼睛一亮，然后趁着左右没人把钱塞在了口袋里。这一幕，全都被暗中偷窥的小保姆看到。

　　当晚，女主人就像科长找科员谈话一样找到了小保姆，严肃而又婉转地批评她为人还不够诚实，如果能痛改前非，还是可以留用的。小保姆故作懵懂地问："你是不是说我捡了10元钱？""是呀！难道你不觉得自己有错吗？"小保姆摇了摇头："不，我不认为我做错了什么，因为我已经将那10元钱还给您了。"女主人一脸诧异："咦，你啥时啥地还我钱了？"小保姆大声回答："今天傍晚，公共楼梯……"女主人一听到"楼梯"两个字，登时像触了电一样浑身一颤，狼狈得一句话也说不出来了……

聪明的小保姆利用了一些"心机"为自己找回了面子，女主人自然也不该再侮辱她的人格和尊严。试想一下，如果她正面反击，不讲策略又会是什么效果呢？使用一点儿"心机"，就可以方圆有道，一劳永逸，可见，做人还是要讲究技巧的。

奢侈换不来面子

　　都说现在钱难赚，有越来越多的人感到自己必须节衣缩食才能维持生活，可是挥霍无度的人却未见减少，甚至还有往上攀升的迹象，呈现两极化的奇特现象。

　　很多大型的百货公司在周年庆的时候，屡屡传出一出手就刷卡百万的顾客，更有香港艺人因为理财不当、入不敷出，于是宣布破产的消息。

老实说，钱是拿来用的，而不是拿来浪费的。一个人可以用钱买心爱的物品、买安全感、买快乐的感觉，无论你买的是什么，有一个最重要的原则就是当用则用、当省则省，才是用钱的最高境界。

许多习惯于挥霍的人，往往不是因为自己觉得这件物品非买不可，而是想要享受一掷千金的快感，享受让人羡慕的虚荣感。这种人觉得没钱就代表丢面子，所以非要展现出富豪之家的气势，为的就是逞一时之快，却没想到当习惯变成瘾、而瘾又戒不掉的时候，就必须付出惨痛的代价了。结果，之前辛辛苦苦建立的豪华排场、华丽形象，在一夜之间瓦解，那种从云端重重摔下的感觉其实才是真正的丢面子。

有些人平时为了赚钱，像拼命三郎一样地努力工作，上下班塞车要忍耐、被老板骂要忍耐、工作压力大要忍耐、薪水低要忍耐……一切的忍耐就是想要多赚一些钱，让自己有更好的生活品质。

可是，有时候却因为自己一时的情绪不佳，或是遭受某些挫折，就拿辛苦挣来的血汗钱来发泄，于是开始疯狂地"血拼"、没有节制地刷卡，因冲动而买了一堆用不着的东西……这些都是很不理智的表现，也可以被解释为当省不省的错误行为。

等到自己的存款数目不断下降之后，才忽然发现自己可用的筹码所剩无几了，于是又开始缩衣节食，天天吃泡面，造成营养不良；该付的费用不付，造成恶性循环，负债累累……这就是当用不用而造成的更大损失。

有些人永远都无法面对自己现在所站的位置，一心一意想把自己和不同阶层的人放在同一个天平上比较，然后只好用不健康的心态去面对残酷的事实。

当自己没钱的时候，喜欢和有钱人比较；当自己有钱的时候，喜欢和更有钱的富豪比较。一路比较下来，除多了一层又一层的假面具之外，还养成了打肿脸充胖子的习惯，得不偿失。

无法过优裕的生活、无法全身上下都是名牌、无法任意挥霍，这些都不应该是让一个人丢脸的原因。因为它们本来就只存在于一小部分人的身上，而这也表示那属于小众的生活方式，99％的人都是过着必须精打细算、必须为了打卡受塞车之苦、必须有选择性消费的生活，这些都是多么平常而大众化的现象，哪里有可耻之处呢？

相比之下，明明没有钱，还装阔佬和别人抢付账单，只好挨饿度日，或是三天两头跟朋友借钱过日子；明明连吃饭钱都有问题了，还学人家买名牌，只好用光鲜亮丽的外表遮掩丑陋难堪的背后，这才是打肿脸充胖子最大的悲哀。

自欺欺人，只能作茧自缚

为了面子，自欺欺人，是不成熟的标志。更可悲的是，欺心会让我们活在痛苦之中。

王青一直认为自己很幸运，找了一个帅哥做丈夫，找了一个被众姐妹羡慕的白马王子。但那是白天的戏，夜晚来临，她就得扮演披头散发的女奴。

丈夫比自己小三岁，家庭背景体面，又在外资企业里做主管，风度翩翩。但实际上，这个男主角外壳坚硬，善于虚张声势，而内心却很自卑。

可是，这个在外被大家"宠"坏的长不大的孩子，占有欲又极强。于是，便借一次又一次对妻子的征服、欺凌、虐待，来确定自己的权威与魄力。

在这桩婚姻里，男主角不想承担什么责任，也害怕责任；可他又要耍家长威风，最变态的，便是几乎夜夜都要打太太出气。

而更可悲的是，女主角王青居然忍了近十年，她总以为他还小，耍小孩子脾气，忍一些时日，他会浪子回头的。

这一切都只是王青的美好愿望而已，最终——化为泡影。这种人格不成熟的男人，或许只适合谈恋爱，却不适合做丈夫和父亲。每次丈夫动粗时，王青只是苦苦哀求，别打她的脸就好，因为那会被别人看到，那很丢人！

总以为哀兵政策会软化他冷酷的心，总以为他会长大，不再分裂成白天与夜晚截然不同的两种角色。但，一年一年过去了，王青仍然没有等来那一天！

或许，爱神真的是个瞎子。它只负责给你冲动、感动、激动，它只诱发你幻想、变傻、变痴，然后只见树木、不见森林……它让当局者迷失方向，情不自禁，却又不自知、不觉醒，赔了青春之后，才发现一切已晚了，只好忍着，以为太阳下山了，还有星星会缀补那颗受伤的心……

忠贞，但不要愚忠；放弃，但不要失去自我。幸福如同穿鞋，是否舒服，只有自己知道，不是做给人看的。有些幸福，对自己而言，是如此真实，但在外界看来，却不精彩；有些"体面"与"光荣"，人们是如此看好，但身陷其中的你，才真正体会到各种无奈。

在婚姻生活中如此，在社会交往中也是如此，我们不能为了一时的面子，而自欺欺人，那样只能打掉了门牙往肚里咽，最后受伤的还是我们自己。

走出虚荣的死胡同

要想在世上寻找一个毫无虚荣心的人，就和要寻找一个内心毫不隐藏低劣感情的人一样困难。其实，人们不过是想借虚荣来遮掩低劣的心理罢了。

说起来，现实中你也许把非常多的时间用在了努力征得他人的同意上，或者说用在了担心他人不同意你做的那些事情上。如果他人的赞同或同意成了你生命中的"必需"，那么，你又多了一件要干的事。你可能开始时认为，我们都喜欢掌声、恭维和表扬。别人拍我们的马屁时，我们感觉都非常好。谁不愿意被人奉承、恭维？没有必要不允许人们这样做。他人的赞同本身并没有害处，只有刻意去寻求他人的赞许，并把它当成了一种必需而非一种渴望的时候才是一种误区，才成为一种爱慕虚荣的表现。

如果你渴望他人的赞许或同意，那么，一旦获得了他人的认可，你就会感到幸福、快乐。但是，如果你陷入这种无法摆脱的虚荣之中，那么，一旦没有得到它，你就会感到身价暴跌。这时候，自暴自弃的想法就会潜入进来。同样，一旦征求他人的同意成了你的一种"必需"，那么，你就把你自己的一大部分交给了外人。在爱慕虚荣心理的驱使下，为得到他人的认可，外人的任何主张你都必须听从，甚至在很小的事情上。如果外人们不同意你，你就不敢轻举妄动。在这种情况下，虚荣心使得你选择的是让他人去维护你的尊严或留给你面子。只有当他们给予你表扬时，你才会感觉良好。

　　这种凡事征得他人同意的虚荣心极其有害，真正的麻烦随着事事必须请示他人而来。如果你有这样一种虚荣心，那么，你的人生就注定会有许多痛苦和挫折。而且，你会感到自己的自我形象是软弱无力的，是没有社会地位的。如果你想获得个人的幸福，你必须将这种征得他人同意的虚荣心从你的生命中根除掉。这种虚荣心是心理上的死胡同，你从中绝不可能得到任何好处。

　　虚荣的圈子是整个儿的，自古到今，人类的舞台都在上演着虚荣的故事。

　　虚荣是一种特性，是取攻势不是取守势的，所以虚荣的人，不但会拿利刃刺伤自己，而且还会把利刃掉转头去，去刺别的人。所以凡是虚荣的人，他们周围便都是他们的仇敌，因此他享受不到生活上互助的快乐。

　　由于虚荣引发的竞争惨剧，是最不幸最恶劣的事。人们因虚荣的竞争而送掉性命的惨例是举不胜举的，而虚荣的人能够永远维持他的虚荣的例子却屈指可数！凡虚荣的人，他总有一天，会和他的邻人、同事、老婆、儿女，甚至不知虚荣为何物的自然界发生冲突，最后一败涂地。虚荣虽然可以自欺欺人，但它欺骗不了自然。虚荣是对自然的一种侮辱，但自然是不容任何侮辱的。

虚荣就是爱面子的一个极端的体现，因此在应酬活动中，我们不能只顾虚荣而去交往，那样就会得不偿失，也达不到我们的交往目的，还有可能引起大家的不满和鄙视。

不要把得失看得太重

在交际应酬中我们会发现，只有那些要面子的人才会把得失看得很重。过度地爱面子让他们不懂得放弃，他们的心像钟摆一样在得失间摇摆。

汉代司马相如所著《谏猎书》有云："明者远见于未萌，而智者避危于未形。"卧薪尝胆的故事说的便是这一道理。

> 春秋时期，吴国军队把越国的军队打得落花流水，越王勾践被迫放弃了王位和自己的国家，忍辱负重，给吴王夫差当了奴仆。三年以后，勾践被释放回国，他立志洗雪国耻、发奋图强，每天睡在草堆上，吃饭时尝尝苦胆的滋味儿，以不忘亡国之耻。公元前473年，勾践率领大军灭了吴国，做了春秋时期最后的一个霸主。

在我们现实生活中，也需要有一种放弃的智慧。当你与人发生矛盾或冲突时，只要不是什么原则问题，你完全可以放弃争强好胜的心理，甚至甘拜下风，就可能化干戈为玉帛，避免两败俱伤；当你在家庭生活中发生摩擦时，放弃争执，保持缄默，就可以唤起对方的理智，使家庭保持和睦温馨。

　　得失都是一样，有得就有失，得就是失，失就是得，所以一个人到最高的境界，应该是无得无失。但是人们通常都是患得患失、未得患得、既得患失。我们的心，就像钟摆一样，得失、得失，就这么摇摆，非常痛苦。塞翁失马，你怎晓得是福还是祸呢？所以，在得失之间，不要把它看得太重。

第二章

脸皮练得"厚"一些：

你必须过去的"不好意思"心理关

不要太在意别人的眼光

在社会生活中，往往会发现这样一群人：他们总是很在意别人的眼光和说法。过分在意别人的人总是随着别人的意见转，甚至跟在别人后面亦步亦趋地爬行，丧失自我。

太多的时候，人生活在别人的眼光中，生活在别人的价值观里。事实上，这是因为我们常常高估了自己在别人心目中的地位，努力想去扮演一个完美者的形象。所以，我们如果当众摔了一个跟头，首先不是觉得疼痛，而是觉得很没面子。

从前，有个老人带着孙子，牵着一头驴准备到市场卖掉。走了一段路，那位老人听到有个路人说："这祖孙俩放着驴不骑，真是傻瓜。"二人听后觉得有道理。祖孙俩便一起骑上驴背继续行程。

走了不久，又遇见一个路人，那人指着他们说："这祖孙俩真是够狠心的，两个人骑驴，快把驴压死了。"

听路人这么一说，那个老人觉得也有道理，赶忙下来，让孙子一人骑在驴背上，自己牵着驴步行。

过了不久，又遇到了一个老太太。那老太太说道："这是什么世道呀，这个小孩子这么不懂事，自己享受，让老人家走路。"

老人听了，觉得老太太说得也在理，便让孙子下来，他自己骑上驴。

走着走着，他们来到一条热闹的街上。那里有三五个妇女对他们指指点点："哎，这个老人怎么这么没有爱心，光顾自己享受，让小孩儿受苦。"

听后，那老人脸红了。

"这也不是，那也不是，到底怎样才是对的呢？"

最后，祖孙俩抬着驴走了。

这个故事告诉人们：事物总有多面性，其中任何一个方面，都不能排除和掩盖另一个方面。

社会中的每个人对别人的缺点往往都很热衷，也喜欢谈论别人隐私，可是，从另一个角度想想，社会并不是只注意你一个人，如果你以为大家都在谈论你，这就可能有某种精神倾向问题了。不必过分在乎别人对你的看法，这种多心只能使你步入不幸之途。只要记住，做好你自己就足够了！

在应酬处世的过程中，一个人如果太爱面子，再怎么快乐的事情在他眼中也会变得不快乐了。亲爱的朋友们，不要为了别人的想法而改变自己的生活方式，不要为了别人的看法而盲目地让自己服从。一个人快乐不是因为他拥有得多，而是因为他计较得少。过去的事情，不要再去想它。历史，我们是无法改变的。因此，走自己的路，让别人说去吧！

关键时刻，要敢于抛弃颜面保全身

做人要脸皮厚一些，为了保全自己，就要向势不两立但势头盖过自己的人显出诚恳之心来，这样才能免于祸害。

1076 年，德意志神圣罗马帝国皇帝亨利与教皇格里高利争权夺利，斗争日益激烈，发展到了势不两立的地步。亨利想摆脱罗马教廷的控制，教皇则想把亨利所有的自主权都剥夺殆尽。

在矛盾激烈的关头，亨利首先发难，召集德国境内各教区的主教们开了一个宗教会议，宣布废除格里高利的教皇职位。而格里高利则针锋相对，在罗马的拉特兰诺宫召开了一个全基督教会的会议，宣布驱逐亨利出教，不仅要德国人反对亨利，也在其他国家掀起了反亨利的浪潮。

教皇的号召力非常之大，一时间德国内外反亨利力量声势震天，特别是德国国境内大大小小的封建主都兴兵造反，向亨利的王位发起了挑战。

亨利面对危局，被迫妥协，于 1077 年 1 月身穿破衣，只带着两个随从，骑着毛驴，冒着严寒，翻山越岭，千里迢迢前往罗马，向教皇请罪忏悔。

但格里高利不予理睬，在亨利到达之前躲到了远离罗马的卡诺莎行宫。亨利没有办法，只好又前往卡诺莎拜见教皇。

到了卡诺莎后，教皇紧闭城堡大门，不让亨利进来。为了保住皇帝宝座，亨利忍辱跪在城堡门前求饶。

当时大雪纷纷，天寒地冻，身为帝王之尊的亨利屈膝脱帽，一连在雪地上跪了三天三夜，教皇才开门相迎，饶恕了他。

这就是历史上著名的"卡诺莎之行"。

亨利恢复了教籍，保住帝位返回德国后，集中精力整治内部，然后派兵把封建主各个击破，把那些曾一度危及他王位的内部反抗势力逐一消灭。在阵脚稳固之后，他立即发兵进攻罗马，以报跪求之辱。在亨利的强兵面前，格里高利弃城逃跑，最后客死他乡。

成功的路上障碍重重，清除不掉这些障碍，且极可能被这障碍所伤时，一定要厚着脸皮，屈膝求饶，从而保全自己，积蓄实力，待他日反击。人的一生，难保一帆风顺，尤其是大人物，站在权力的风口浪尖上，如果力不如人，很可能要遭受屈辱，这时候，是冲冠一怒、粉身碎骨，还是忍辱负重、以图后报，聪明人自然会做出聪明的选择。亨利的例子告诉我们：在某些情况下，丢弃暂时的面子是必要的，保住自身的安全才是主要的，留得青山在，不怕没柴烧。

脸皮厚一点儿，交际顺一点儿

脸皮太薄恐怕是影响人开拓交际圈的主要障碍。如果从交际的需要出发，让自尊心保持一定的弹性，把握好度，就能在交际场上左右逢源，游刃有余。

　　小王是一位初学写作的文学青年，花了半年时间写了一篇小说。他信心十足地来到编辑部，没想到一个编辑看后，直摇头，当着很多人的面，说："你这写的是什么？连句子都不通，哪儿像小说！……"说得他满脸通红，就想回敬一句："你仔细看了吗？"可是，他忍住了，反而以请教的口气说："我是第一次写小说，还希望老师给予指正。"从编辑部回来他没有泄气，反而更加奋发，写完后又厚着脸皮去找这个编辑。真是不打不成交，这一次编辑的态度也变了，提了一些修改意见。后来小说发表了，他和编辑还成了朋友。

改变一下看问题的立足点，不要光想着自己的面子，还要看到比这更重要的东西，比如事业、工作、友谊等。

　　在《三国演义》中，曾有一出"孔明骂死王朗"的好戏，这其实就是一场心理战，考察的是一个人的脸皮功夫。

　　那是在公元 227 年，孔明兵出祁山，曹真率兵迎战，二军对垒于祁山之前。在决战前，双方先来了个"骂阵"。先是王朗策马阵前，向孔明劝降，他说："你通达天命，亦识时务，为何要毫无理由地挑起战争？要知道，天命有变，帝位更新，归于有德之士，这是大自然颠扑不破的道理……"接着便大赞曹操一番，指出，顺天者昌，逆天者亡，还是快快归顺大魏吧。王朗也是能言善辩之士，他以理劝诱，使蜀军兵将不觉动容。

　　参谋马谡认为，王朗不过是效法从前季布大骂汉高祖，试图以气势破敌。王朗讲罢，孔明却哈哈大笑，朗声斥道：“你原是汉朝元老，我还以为有什么高见值得洗耳聆听，没想到，说出来的却全是混账话……此次，我奉君命出兵，旨在讨伐逆贼，大义分明，日月可鉴。你胆敢站在阵前，厚颜无耻地大说天命如何，简直是荒谬透顶。你这个皓首匹夫，白须叛贼，想必即将奔赴冥府。到时候，你有何面目，见汉朝二十四帝？！你且快快滚到一边，派出别人来一决胜负吧。丑恶如你，哪有在此撒野的资格？！”孔明刚说完，王朗就口吐鲜血，落于马下，当场毙命。

王朗是被气死的，也可以说是由于脸皮太薄而死。王朗脸皮之所以薄，是因为他不自信，缺乏忍耐力。虽然他也讲人应顺应历史的规律而行事，但他在骨子里更害怕"叛臣逆子"这个罪名，一旦被别人揭了伤疤，说到痛处，便羞恨交加，失去自我平衡的能力，导致猝死。

所谓"脸皮"不过是人的自尊心的一种通俗形象的说法。心理学认为，自尊之心，人皆有之，人的尊严不容冒犯。自尊是一种精神需要，是人格的内核。从一定意义上说，维护自尊是人的本能和天性。在现实生活中，自尊心的强弱程度因人而异。有的人自尊心特别强，把面子看得高于一切，其实是虚荣心在作祟。

脸皮厚一点，并不是不要个人的尊严，而是说要把握适当的分寸，当然，在一些特定的问题，特定的场合，为了维护尊严，必须进行针锋相对的斗争。至于有人极力维护的自尊，实际上是在维护自己的虚荣心，是一种不健康的心理。所以，要对自尊心进行分析，要维护真正的积极的自尊，不要维护虚伪的消极的自尊。这样，当我们出现在社交场上，才能恰当地把握自尊的弹性，成为交际的强者。

古往今来，从东方到西方，有许多利用厚脸皮获得成功的事例。他们之所以能够成功，就是因为他们练就了刺不进、扎不透的厚脸皮，保护着他们免遭旁人所有可能的非难。

以退为进，把面子包袱丢给别人

面对复杂多变的客观世界，就某个具体的事情来说，也有其"时""势"的问题，在某些特定的时间里、环境下，采取以退为进的方法，把面子包袱丢给别人，也是一种积极的人生策略，而并非是消极退让。

原美国总统克林顿跟莱温斯基的那场"拉链门"风波仍在我们的记忆之中。我们可以想一想，当克林顿与莱温斯基的事情东窗事发，克林顿死不承认，采取死撑着的态度，这也是一种选择。当着全世界人的面，堂堂的美国总统承认自己的丑事，这是多让人难为情的事情啊！但克林顿聪明之处就在于，他采取了一种以退为进的策略，承认了自己的错误。这么做，其实是将包袱扔给了所有的美国人：我已经承认了我自己的错误，你们有权利让我下台，你们也有权利让我继续留在总统的位子上；对一个已经承认错误的人，你们就看着办吧！

生活不乏这样的例子，也许我们都会碰到进退两难的事情，如果为了可怜的面子，依然做一种无谓的坚持，只会让局势变得越来越糟，最终落得鱼死网破的下场，这显然是不理智的。聪明的做法是彻底放下面子包袱，退到大众所能宽容的底线，再以退为进，获得最后的成功。司马相如和卓文君就是这方面的高手。

汉代的大辞赋家司马相如出川漫游，以一篇《子虚上林赋》闻名四海。博雅之士无不以结识司马相如为荣。但司马相如放荡不羁，又不治事业，一派浪荡公子相。

有一年，司马相如外游归来，路上路过临邛。临邛县令久仰司马相如之名，恭请至县衙，连日宴饮，写赋作文，好不热闹。

这件事惊动了当地富豪卓王孙。他想结识一下司马相如，以附庸风雅。但他仍摆脱不了商人的庸俗，故而实为请司马相如，但名义上却是请县令王吉，让司马相如作陪，司马相如本看不起这班无才暴富之人，所以压根没准备去"陪宴"。

到了约定日期，卓王孙尽其所能，大排宴席。县令王吉因平日依仗卓王孙钱财之事甚多，所以早早就到了，但时辰早过，司马相如却没有来，卓王孙如热锅蚂蚁一样，王吉只好亲自去请。

司马相如正在高卧独饮，驳不过王吉面子，来到卓府，卓王孙一见其穿戴，心中早怀轻视之意，心想自己是要脸面之人，请来的却是这样一个放荡无礼之辈。

司马相如全然不顾这些，大吃大嚼，只顾与王吉谈笑，早把卓王孙冷在一边。

忽然，司马相如听到内室传来凄婉的琴声，琴声不俗，司马相如一下子停止了说笑，倾耳细听起来。

卓王孙原被冷落在一边，讪讪的无意思，但见琴声吸引住了这位狂士，于是夸耀说这是寡女卓文君所奏。司马相如早已痴迷在那里，忙请求让卓文君出来相见。卓王孙禁不住王吉撺掇，派人唤出卓文君。

司马相如一见卓文君，两眼直勾勾愣在那里，他万万没想到这俗不可耐的卓王孙竟有这般美丽高雅的女儿。于是要过琴来，弹了一曲《凤求凰》向卓文君表达爱意。卓文君爱慕司马相如的相貌和才华，当夜便私奔到司马相如处，以身相许。经过商量，两人一起逃回成都。

卓王孙知道后，气得暴跳如雷，又是骂女儿不守礼教，又是骂司马相如衣冠禽兽，发誓不准他们返回家门。

卓文君随司马相如回到成都后才知道，她的夫君虽然名声在外，但家中却很贫寒。万般无奈，他们只好返回临邛，硬着头皮托人向卓王孙请求一些资助，不料，卓王孙破口大骂，并一口回绝。

夫妇俩见父亲的态度如此坚决，心都凉了半截儿，可是眼下身无分文，无法度日，到底他们俩都有"才"，很快想出了一个"绝招"。

第二天，司马相如把自己仅有的车、马、琴、剑及卓文君的首饰卖了一笔钱，在距卓府不远的地方租了一间屋子，开了一个小酒铺。

司马相如穿上伙计的衣服，卷起袖子和裤腿，像酒保一样，又是擦桌椅，又是搬物件；卓文君穿着粗布衣裙，忙里忙外，招待来客。

酒店刚开张，就吸引了许多人来。这倒不是因为他们卖的酒菜价廉物美，而都是前来目睹这两位远近闻名的落难夫妇。司马相如夫妇一点也不感难堪，内心倒很高兴，因为这正好达到了他们的目的——给顽固不化的老爷子现现眼。

很快，临邛城里人人都在议论这件事，有的对这一对夫妇表示同情，有的责备卓王孙刻薄。卓王孙毕竟是一位有身份、有脸面的人物，很爱面子，十分顾忌流行一时的风言风语，居然一连几天都没有出门。

有几个朋友劝卓王孙说："令爱既然愿意嫁给他，就随她去吧。再说司马相如毕竟当过官，还是县令的朋友。尽管现在贫寒，但凭他的才华，将来一定会有出头的日子，应该接济他们一些钱财，何必与他们为难呢？"

这样一来，卓王孙万般无奈，分给卓文君夫妇仆人百名，钱财百万，司马相如夫妇大喜，带上仆人和钱财，回成都生活去了。

卓文君与司马相如的爱情故事，千百年来一直被人们津津乐道，其一是源自于这对郎才女貌的恩爱夫妻冲破封建礼教的束缚，追求爱情的自由幸福；其二是夫妇俩当垆卖酒，以放下面子来换得万贯家财，可谓是名利双收，哪管时人评说。

人要面子活受罪，看样子这句话一点不假，假如司马相如夫妇太注重面子的话，他们也只能清苦度日了。相反，他们抓住了人爱面子的特点，巧用"心机"，以退为进，让自己过上了富足的生活，也为历史留下了一段千古佳话。

迎着别人的嘲笑前行

面对他人的嘲笑，聪明的人一定要有胸襟，有雅量，这同时也是一种做人智慧。

曾任美国总统的福特在大学里是一名橄榄球运动员，体质非常好，所以他在62岁入主白宫时，体质仍然非常挺拔结实。当了总统以后，他仍继续滑雪、打高尔夫球和网球，而且擅长这几项运动。

1975年5月，他到奥地利访问，当飞机抵达萨尔茨堡，走下舷梯时，他的皮鞋碰到一个隆起的地方，脚一滑就跌倒在跑道上。他跳了起来，没有受伤，但使他惊奇的是，记者们竟把他这次跌倒当成一项大新闻，大肆渲染起来。在同一天里，他又在丽希丹宫的被雨淋滑了的长梯上滑倒了两次，险些跌下来。随即一个奇妙的传说散播开了：福特总统笨手笨脚，行动不灵敏。自萨尔茨堡以后，福特每次跌跤或者撞伤头部或者跌倒在雪地上，记者们总是添油加醋地把消息向全世界报道。后来，竟然反过来，他不跌跤也变成新闻了。哥伦比亚广播公司曾这样报道说："我一直在等待着总统撞伤头部，或者扭伤胫骨，或者受点轻伤之类的来吸引读者。"记者们如此渲染似乎想给人形成一种印象：福特总统是个行动笨拙的人。电视节目主持人还在电视中和福特总统开玩笑，喜剧演员切维·蔡斯甚至在《星期六现场直播》节目里模仿总统滑倒和跌跤的动作。

福特的新闻秘书朗·聂森对此提出抗议，他对记者们说："总统是健康而且优雅的，他可以说是我们能记得起的总统中身体最为健壮的一位。"

"我是一个活动家，"福特说，"活动家比任何人都容易跌跤。"

他对别人的玩笑总是一笑了之。1976年3月，他还在华盛顿广播电视记者协会年会上和切维·蔡斯同台表演过。节目开始，蔡斯先出场。当乐队奏起《向总统致敬》的乐曲时，他"绊"了一跤，跌倒在歌舞厅的地板上，从一端滑到另一端，头部撞到讲台上。此时，每个到场的人都捧腹大笑，福特也跟着笑了。

当轮到福特出场时，蔡斯站了起来，佯装被餐桌布缠住了，弄得碟子和银餐具纷纷落地。蔡斯装出要把演讲稿放在乐队指挥台上，可一不留心，稿纸掉了，撒得满地都是。众人哄堂大笑，福特却满不在乎地说道："蔡斯先生，你是个非常、非常滑稽的演员。"

生活是需要睿智的。如果你不够睿智，那至少可以豁达。以乐观、豁达、体谅的心态看问题，就会看出事物美好的一面；以悲观、狭隘、苛刻的心态去看问题，你会觉得世界一片灰暗。两个被关在同一间牢房里的人，透过铁窗看外面的世界，一个看到的是美丽神秘的星空，一个看到的是地上的垃圾和烂泥，这就是区别。

面对嘲笑，最忌讳的做法是勃然大怒，大骂一通，其结果只会让嘲笑之声越来越大。要让嘲笑自然平息，最好的办法是一笑了之。一个满怀目标的人，不会去考虑别人多余的想法，而是有风度、有气概地接受一切非难与嘲笑。伟大的心灵多是海底之下的暗流，唯有小丑式的人物，才会像一只烦人的青蛙一样，整天聒噪不休！

人前放下面子，内心挺起腰杆

生活中有很多人总是奉行低调行事的原则，他们不爱慕虚荣，也不会去争取所谓的尊严和面子，但是在其内心深处却有着强烈的自尊。平日里虽不张扬，不温不火，但内心自信自尊，他们"上交不谄，下交不渎"，以一种儒雅的风范维护自己的尊严。

如今已是某保险公司股东会成员之一的赵丽回忆起她的成功经历时说，她所卖出的数额最大的一张保单不是在她经验丰富后，也不是在觥筹交错中谈成的，而是在她第一次推销的时候。

晨光电子是某市最大的一家合资电子企业，向这样的企业进行推销，赵丽不免有些畏惧、有些胆怯，何况这是她的第一次推销。再三思虑后，她还是壮着胆子进去了。当时，整个楼层只有外方经理在。

"你找谁？"他的声音很冷漠。

"您好，我是保险公司的业务员，这是我的名片。"赵丽双手递上名片，心里有些发虚。

"推销保险？今天已经是第三个了，谢谢你，或许我会考虑，但现在我很忙。"老外的发音直直的，像线一样，因此听不出任何感情色彩。

赵丽本来也不指望那天能卖出保险，所以说了一声"sorry"就离开了。如果不是她走到楼梯拐角处下意识地回了一下头，或许她就这么走了，以后也不会有任何事情发生。

当赵丽回过头去的时候，看见自己的名片被那个老外扔进了废纸篓里，赵丽感到非常气愤。于是她转身回去，用英语对那个老外说："先生，对不起，如果你现在不考虑买保险的话，请问我可不可以要回我的名片？"

老外的眼中闪过一丝惊奇，旋即平静了，耸耸肩问她："Why？"

"没有特别的原因，上面印有我的名字和职业，我想要回来。"

"对不起，小姐，你的名片让我不小心洒上墨水了，不适合还给你了。"

"如果真的洒上墨水，也请你还给我好吗？"赵丽看了一眼废纸篓。

片刻，老外仿佛有了好主意："OK，这样吧，请问你们印一张名片的费用是多少？"

"五毛，问这个干什么？"赵丽有些奇怪。

"OK，OK，"他拿出钱夹，在里面找了片刻，抽出一张一元的，"小姐，真的很对不起，我没有五毛零钱，这是我赔偿你名片的，可以吗？"

赵丽想夺过那一块钱，撕个稀烂，告诉他她不稀罕他的钱，告诉他尽管她们是做保险推销的，可也是有人格的。但是她忍住了。

她礼貌地接过一元钱，然后从包里抽出一张名片给了他："先生，很对不起，我也没有五毛的零钱，这张名片算我找给您的钱，请您看清我的职业和我的名字！这不是一个适合扔进废纸篓的职业，也不是一个应该扔进废纸篓的名字！"

说完这些，赵丽头也不回地转身走了。

没想到，第二天赵丽就接到了那个外方经理的电话，约她去他的公司，这次他打算从她这里为全体员工购买保险。

赵丽不卑不亢的做法赢得了外方经理的尊重，也书写了大大的一个"人"字。她并没有因为别人有地位、有金钱就自降身价，甚至对侵犯人格的举动视而不见，而是以实际行动让对方明白尊严的真正意义。因为自重，她赢得了对方的尊重。

低调的人就是这样，他们能够正确认识、分析自我，正确认识自己的优势和劣势，懂得自己在乎和不在乎的东西，不以自己的短处与人家的长处相比，更不以自己的劣势与人家的优势相提并论。他们能摆正自己的位置，摆脱"低人一等"的心理，发挥自己的所长，以平常心看待生活和工作，显出足够的自信，从而在处世过程中从容自如，游刃有余。

脸皮厚一点儿，软磨硬泡便会"泡"出希望

"人心都是肉长的。"不管彼此间的距离有多大，只要你善于用行动证明自己的诚意，就会促使对方去思索，进而理解你的苦心，从固执的框子里跳出来，那时你就"泡"出希望了。

日本"推销之神"——原一平，小时候是村里的"混世魔王"，人见人怕。由于自己声名狼藉，23岁那年他只身一人来到东京创业。到了35岁的时候，他已经成为日本保险界赫赫有名的人物，阔别家乡十几年的他，终于高高兴兴地回去探亲。

原一平这次回家有两个目的，一是想让家乡人都知道当年的"混世魔王"已经改好了；二是想在自己的家乡开展保险工作。所以回到家乡不久，他便大力宣传保险知识。遗憾的是村民们根本不相信当年的"混世魔王"，怕吃亏，谁也不愿参加。原一平明白要想在村里开展保险工作，最重要的是要求助于村长的帮忙，这样才能顺利进行。

现在的村长是当年和原一平一起玩的朋友，而且当时的原一平经常欺负他，如今要想得到村长的帮助，肯定不容易。不过，原一平没有放弃，找了时间提上礼物来到村长家，村长一看是当年的"混世魔王"回来了，不禁想起了他以前在村里做的坏事，下意识地产生怀疑。

当原一平提及让村长帮忙动员村民一起学习、参加保险的时候，村长一口回绝了。

第二天，原一平提着礼物又来了，村长好像有点不好意

思，但是依然拒绝了。

第三天，原一平又来了。不过这次村长的家人告诉他说，村长到几十里外的邻县亲戚家帮助盖房。原一平得知这个消息后，明白村长是故意不肯见他，于是骑车按照村长家人说的地点追了去，车子一放，袖子一挽就干活，干完活还和村长"磨"。

为了找一个长谈的时机，原一平干脆天不亮就起床，冒雨赶到村里，在村长家门外一站就是两个小时，村长起床开门愣住了，见原一平淋得像落汤鸡，只好答应了他的请求。村长这个堡垒一攻破，这个村参加保险工作的局面就打开了。

但是，这种缠着对方不放的求人术并不是人人都能利用好的，只有控制好自己，才能充分发挥其作用，为此你必须掌握以下两点。

1. 要有足够的耐心

当求人过程中出现僵局时，人的直接反应是烦躁、失意、恼火，甚至发怒。然而，这无助于事情的解决。你应理智地控制自己，采取忍耐态度。这时，忍耐所表现的是对对方处境的理解，是对转机到来的期待，有了这种心境，你就能在精神上使自己处于强有力的地位，能够方寸不乱，调动自己全部的聪明才智，想方设法突破僵局。

2. 要能抓住时机办事

"磨"不是消极地耗时间，也不是和人家耍无赖，而是善于采取积极的行动影响对方、感化对方，促进事态向好的方向转化。磨功，也是一种韧劲，一种谋略。在求人办事中，谁的磨功高，谁就是胜者。

很多时候，人们认为缠着对方不放是一件很为难的事情。但事情不办是不行的，对方有意推托、拒绝，我们只能靠磨对方来达到目的。所以脸皮厚、有耐心也是求人的基本功夫。

第三章

学会拒绝的艺术：

你可以说"不"

委婉地说"不"，让被拒绝的人有面子

自尊之心，人皆有之。因此在拒绝别人时，要顾及对方的尊严。人们一旦进入社会，无论他的地位、职务多高，成就多大，他们无一例外地都关心外界对自己的评价。由于来自外界评价的性质、强度和方式不同，人们会相应地做出不同反应，并对交际过程及其结果产生积极或消极的影响。通常的规律是：尊之则悦，不尊则哀。也就是说，当得到肯定的评价时，人们的自尊心理得到满足，便会产生一种成功的情绪体验，表现出欢愉乐观和兴奋激动的心情，进而"投桃报李"，对满足自己自尊欲望的人产生好感和亲近力，采取积极的合作态度，交际随之向成功的方向发展。反之，当人们不受尊重、受到不公正的评价时，便会产生失落感、不满和愤怒情绪，进而出现对抗姿态，使交际陷入危机。

顾及对方的尊严是拒绝别人时必不可少的注意事项，有这样一个例子：

> 某校在评定职称时，由于高级职称的名额有限，一位年龄较大的教师未能评上。他听说了这一消息后就向一位负责职称评定的副校长打听情况。副校长考虑到工作迟早要做，

便和这位老教师促膝交谈。

校长：哟，老李，什么风把你给吹来了？

老师：校长，我想知道这次评高职我有希望吗？

校长：老李，先喝杯茶，抽支烟。我们慢慢聊，最近身体怎么样？

老师：身体还说得过去。

校长：老教师可是我们学校的宝贵财富，年轻教师还要靠你们传帮带呢！

老师：作为一名老教师，我会尽力的。可这次评定职称，你看我能否……

校长：不管这次评上评不上，我们都要依靠像你这样的老教师。你经验丰富，教学也比较得法，学生反映也挺好。我想，对于一名教师来说，这一点，比什么都重要，你说呢？

老师：是啊！

校长：这次评职称是第一次进行，历史遗留的问题较多，可僧多粥少，有些教师这次暂时还很难如愿，要等到下一次。这只是个时间问题。相信大家一定能够谅解。但不管怎样，我们会尊重并公正地评价每一位教师，尤其是你们这些辛辛苦苦工作几十年的老教师。

老教师在告辞时，心里感觉热乎乎的，他知道自己这次评上的希望不大，但由于自身得到了别人的尊重，成绩受到了别人的肯定，他能接受那样的结果。用他对校长的话讲："只要能得到一个公正的评价，即使评不上我也不会有情绪的，请放心。"

这位校长可谓是顾及别人尊严的典范，如果开始他就给这位老教师泼一桶冷水，那么后果就不堪设想了。

在社交场合上，无论是举止或是言语都应尊重他人，即使在拒绝别人的时候也要顾及对方的尊严。也只有这样，才能赢得别人的尊重。

拖延、淡化，不伤其自尊也将其拒绝

一般人都不太好意思拒绝别人，但在很多情况下，我们为了避免多余的困扰，对一些不合理或不合自己心意的事有必要拒绝，但怎样既不伤害对方自尊心又能达到拒绝的目的呢？当对方提出请求后，不必当场拒绝，你可以说："让我再考虑一下，明天答复你。"这样，既使你赢得了考虑如何答复的时间，也会使对方认为你是很认真对待这个请求的。

> 某单位一名职工找到上级要求调换工种。领导心里明白调不了，但他没有马上回答说"不可能"。而是说："这个问题涉及好几个人，我个人决定不了。我把你的要求带上去，让厂部讨论一下，过几天答复你，好吗？"

这样回答可让对方明白：调工种不是件简单的事，存在着两种可能，使对方思想有所准备，这比当场回绝效果要好得多。

> 一家汽车公司的销售主管在跟一个大买主谈生意时，这

位买主突然要求看该汽车公司的成本分析数字，但这些数据是公司的绝密资料，是不能给外人看的。可如果不给这位大买主看，势必会影响两家和气，甚至会失掉这位大买主。

这位销售主管并没有说"不，这不可能"之类的话，但他的话中婉转地说出了"不"。"这个……好吧，下次有机会我给你带来吧。"知趣的买主听过后便不会再来纠缠他了。

某位作家接到老朋友打来的电话，邀请他到某大学演讲，作家如此答复："我非常高兴你能想到我，我将查看一下我的日程安排，我会回电话给你的。"

这样，即使作家表示不能到场的话，他也就有了充裕时间去化解某些可能的内疚感，并使对方轻松、自在地接受。

陈涛夫妻俩下岗后，自谋职业，利用政府的优惠贷款开了一家日用品商店，两个人起早摸黑把这个商店办得红红火火，收入颇丰，生活自然有了起色。陈涛的舅舅是个游手好闲的赌棍，经常把钱输在麻将台子上，这段时间，手气不好又输了，他不服气，还想扳回本钱，又苦于没钱了，就把眼睛瞄准了外甥的店铺，打定了主意。一日，这位舅舅来到了店里对陈涛说："我最近想买辆摩托车，手头尚缺五千块钱，想在你这借点周转，过段时间就还。"——他也知道用模糊语言。陈涛了解舅舅的嗜好，借给他钱，无疑是肉包子打狗。何况店里用钱也紧，就敷衍着说："好！再过一段时间，等我有钱把银行到期的贷款支付了，就给你，银行的钱可是拖不起的。"这位舅舅听外甥这么说，没有办法，知趣地走了。

陈涛不说不借，也不说马上就借，而是说过一段时间，等支付银行贷款后再借。这话含多层意思：一是目前没有，现在不能借；二是我也不富有；三是过一段时间不是确指，到时借不借再说。舅舅听后已经很明白了，但他并不心生怨恨，因为陈涛并没有说不借给他，只是过一段时间再说而已，给了他希望。

因此，处理事情时，巧妙地一带而过比正面拒绝有效，且不伤和气。

先承后转，让对方在宽慰中接受拒绝

日常中，我们经常会遇到这样的情况，对方提出的要求并不是不合理，但因条件的限制无法予以满足。在这种情况下，拒绝的言辞可采用"先承后转"的形式，使其精神上得到一些宽慰，以减少因遭拒绝而产生的不愉快。

李刚和王静是大学同学，李刚这几年做生意虽说挣了些钱，但也有不少的外债。两个人毕业后一直没有来往，一天，王静突然向李刚提出借钱的请求，李刚很犯难，借吧，怕担风险；不借吧，同学一场，又不好拒绝。思忖再三，最后李刚说："你在困难时找到我，是信任我、瞧得起我，但不巧的是我刚刚买了房子，手头一时没有积蓄，你先等几天，等我过几天账结回来，一定借给你。"

有的时候对方可能会因急于事成而相求，但是你确实又没有时间、没有办法帮助他的时候，一定要考虑到对方的实际情况和他当时的心情，一定要避免使对方恼羞成怒，造成误会。

拒绝还可以从感情上先表示同情，然后再表明无能为力。

黄女士在民航售票处担任售票工作，由于经济的发展，乘坐飞机的旅客与日俱增，黄女士时常要拒绝很多旅客的订票要求，每次都是带着非常同情的心情对旅客说："我知道你们非常需要坐飞机，从感情上说我也十分愿意为你们效劳，使你们如愿以偿，但票已订完了，实在无能为力。欢迎你们下次再来乘坐我们的飞机。"黄女士的一番话，叫旅客再也提不出意见来。

先扬后抑这种方法也可以说成是一种"先承后转"的方法，这也是一种力求避免正面表述，而采用间接拒绝他人的方法。先用肯定的口气去赞赏别人的一些想法和要求，然后再来表达你需要拒绝的原因，这样你就不会直接地去伤害对方的感情和积极性了，而且还能够使对方更容易接受你，同时也为自己留下一条退路。

一般情况来说，你还可以采用下面一些话来表达你的意见，"这真的是一个好主意，只可惜由于……我们不能马上采用它，等情况好了再说吧！""这个主意太好了，但是如果只从眼下的这些条件来看，我们必须要放弃它，我想我们以后肯定是能够用到它的。""我知道你是一个体谅朋友的人，你如果对我不十分信任，认为我没有能力做好这件事，那么你是不会找我的，但是我实在忙不过来了，下次如果有什么事情我一定会尽我的全力来支持你。"等等。

利用对方的话回绝，干脆又不伤人

拒绝不一定非要表明自己的意思，许多时候，利用对方的话来拒绝他，是更聪明的选择。只要合理地从对方的话语里引出一个合乎逻辑的相同问题，巧踢"回旋球"，让对方"哑巴吃黄连——有苦说不出"。

小李从旅游局一个朋友那里借了一架照相机，他一边走一边摆弄着，这时刚好小赵迎面走来了。他也知道小赵有个毛病：见了熟人有好玩的东西，非得借去玩几天不可。这次看见了他手中的照相机又非借不可了。尽管小李百般说明情况，小赵依然不肯放过。小李灵机一动，故作姿态地说："好吧，我可以借给你，不过我要你不要借给别人，你做得到吗？"小赵一听，正合自己的意思。他连忙说："当然，当然。我一定做到的。""绝不失信。"小李还追加一句说，"绝不失信，失信还能叫作人？"小李斩钉截铁地说："我也不能失信，因为我也答应过别人，这个照相机绝不外借。"听到这，小赵也目瞪口呆了，这件事也只有这样算了。

有一大部分人会产生这样的想法，难道我们在现实生活中都非要拒绝别人不可吗？我们在拒绝他人时都要采用这些委婉的方法吗？这个问题问得恰到好处。

在现实生活中，关于拒绝他人，我们还要注意以下问题。

第一，在日常生活中，我们就应该真诚地对待朋友和同学，积极地帮助他们。每个人都应该明白一个简单的道理"平时帮人，拒人才不难"，以上方法主要应用于那些的确违背我们意愿的事情。

第二，如果是由于自己能力或客观原因，我们应该坦诚相对，说明自己的实际情况，同时，要积极帮对方想办法。

第三，对于某些情况，直接说"不"的效果更好，特别是对于那些违法乱纪的事情，应持坚决的态度来拒绝。对于那些可能引起误解的事情，也应该明确自己的态度，否则会"当断不断，反受其乱"。此外，由于拒绝不明可能会影响对方，也影响事情发展方向，也应该直截了当地拒绝它。

第四，即使我们掌握了一些比较好的方法，在一般的拒绝中，我们也应该语气委婉，最好还能面带微笑，这样既达到自己拒绝他人的目的，又消除由于拒绝给对方带来的不快。

通过暗示巧说"不"

很多时候，我们不得不拒绝别人，但是怎样将这个难说的"不"说出口呢？暗示，是一种不错的选择。

美国出版家赫斯脱在旧金山办第一张报纸时，著名漫画大师纳斯特为该报创作了一幅漫画，内容是唤起公众来迫使电车公司在电车前面装上保险栏杆，防止意外伤人。然而，纳斯特的这幅漫画完全是失败之作。发表这幅漫画，有损报纸质量。但不刊这幅画，怎么向纳斯特开口呢？

当天晚上，赫斯脱邀请纳斯特共进晚餐，先对这幅漫画大加赞赏，然后一边喝酒，一边唠叨不休地自言自语："唉，这里的电车已经伤了好多孩子，多可怜的孩子，这些电车、这些司机简直不像话……这些司机真像魔鬼，瞪着大眼睛，专门搜索着在街上玩的孩子，一见到孩子们就不顾一切地冲上去……"听到这里，纳斯特从座椅上弹跳起来，大声喊道："我的上帝，赫斯脱先生，这才是一幅出色的漫画！我原来寄给你的那幅漫画，请扔入纸篓。"

赫斯脱就是通过自言自语的方式，暗示纳斯特的漫画不能发表，让纳斯特欣然接受了意见。

另外，通过身体动作也可以把自己拒绝的意图传递给对方。当一个人想拒绝对方继续交谈时，可以做转动脖子、用手帕拭眼睛、按太阳穴以及按眉毛下部等漫不经心的小动作。这些动作意味着一种信号：我较为疲劳、身体不适，希望早一点停止谈话。显然，这是一种暗示拒绝的方法。此外，微笑的中断、较长时间的沉默、目光旁视等也可表示对谈话不感兴趣、内心为难等心理。

一天，为了配合下午的访问行程，小王想把甲公司的访问在中午以前结束，然后依计划，下午第一个目标要到乙公司拜访。但是，甲公司的科长提出了邀请：

"你看到中午了，一起吃中饭吧？"

小王与甲公司这位科长平常交情不错，又是非常重要的客户，不能轻易地拒绝。但是，和这位爱聊天的科长一起吃中饭，最快也要磨蹭到下午一点才能走。小王怎样才能不伤和气地拒绝呢？

答案就是在对方表示"要不要一起吃饭"之前，小王就不经意地用身体语言表示出匆忙的样子，例如：说话语速加快或自然地看看表等。但记住：这种时候千万不要提早露出坐立不安的神情，免得让人怀疑你合作的诚心。

巧妙地学会用暗示的方法拒绝别人，让对方明白你在说"不"，不仅能把事情办妥，而且不伤和气。

不失礼节地拒绝他人的不当请求

老周在法院工作，他好朋友的亲戚犯了法，正好由他审理，好朋友的亲戚托好朋友请老周吃饭，并且给老周包了一万元钱的红包，要老周网开一面，从轻发落。如果老周接受了钱，那么就是知法犯法，到时弄不好会给自己招惹不必要的麻烦。而如果不接受，又可能伤了朋友之情，并让对方在亲戚面前脸面无光。老周左右为难，不知如何是好。

与人相处，人们经常会遇到老周这样的情况，即面对爱人、亲人、好友等亲密之人的请求，比如借钱、帮忙做某事等等。许多时候，我们并不愿意答应这些请求，却又不好意思说"不"，就会使自己陷入十分为难的境地。如果违心地答应下来，是为自己添烦恼；如果假装答应却不做，又失信于人。

一般来说，尽可能地帮助自己的亲密之人，这是人之常情。但是，面对亲密之人的不当要求，我们一定要坚持自己的原则。特别是当他们的要求有违国家法律法规、有违社会公共道德或有违家庭伦理时，我们更应坚守自己的原则立场，毫不留情地予以拒绝，还应帮助对方改变那些错误思想和行为。

拒绝亲密之人的不当要求是一门学问，是一项应变的艺术。要想在拒绝时既消除了自己的尴尬，又不让对方无台阶可下，这就需要掌握一些巧妙的拒绝方法，比如：

1. 巧用反弹

别人以什么样的理由向你提出要求，你就用什么样的理由拒绝，这就是巧用反弹的方法。在《帕尔斯警长》这部电视剧中，帕尔斯警长的妻子出于对帕尔斯的前程和人身安全考虑，企图说服帕尔斯中止调查一位大人物虐杀自己妻子的案子。最后她说："帕尔斯，请听我这个做妻子的一次吧。"他却回答说："是的，这话很有道理，尤其是我的妻子这样劝我，我更应该慎重考虑。可是你不要忘记了这个坏蛋亲手杀死了他的妻子！"

2. 敷衍拒绝

敷衍式的拒绝是最常用的一种拒绝方法，敷衍是在不便明言回绝的情况下，含糊回绝请托人。拒绝亲密之人的不当要求也可采用这一方法。运用这种方法时，也需对方有比较强的领悟能力，否则难以见效。具体采用这种方法时，我们可以运用推托其辞、答非所问、含糊拒绝等具体方式。

3. 巧妙转移

面对别人的要求，你不好正面拒绝时，可以采取迂回的战术，转移话题也好，另有理由也好，主要是善于利用语气的转折——绝不会答应，但也不致撕破脸。比如，先向对方表示同情，或给予赞美，然后再提出理由，加以拒绝。由于先前对方在心理上已因为你的同情而对你产生好感，所以对于你的拒绝也能以"可以谅解"的态度接受。

总之，面对亲密之人提出的不当要求时，切忌直接拒绝。尽量使用间接拒绝的方法。从对方的立场出发，阐明自己的观点，就会使对方自然而然地接受了。

此外，拒绝别人时，也要有礼貌。任何人都不愿被拒绝，因为被别人拒绝，会使人感到失望和痛苦。当对方向自己提出不合理要求时，你可能感到气愤，甚至根本无法忍受，但你也要沉住气，你千万不可大发雷霆、出言不逊、恶语伤人。在拒绝对方时，更要表现出你的歉意，多给对方以安慰，多说几个"对不起""请原谅""不好意思""您别生气"之类的话。由于你的态度十分有礼貌，即使对方想无理取闹，也说不出什么，这样别人也会觉得你是一个彬彬有礼的人而愿意与你亲近。

绕个"圈子"再拒绝

断然拒绝别人可以显得一个人不拖泥带水，但对遭到拒绝的人来说，却是很不够义气的。聪明人这时会绕个圈子，不直接说出拒绝的话，而让对方明白意思。

1799 年，年轻的拿破仑·波拿巴将军在意大利战场取得全胜凯旋。从此，他在巴黎社交界身价倍增。也成为众多贵妇追逐青睐的对象。

然而，拿破仑对此却并不热衷。可是，总有一些人紧追不放，纠缠不休。当时的才女、文学家斯达尔夫人，几个月内一直在给拿破仑写信，想结识这位风云人物。

在一次舞会上，斯达尔夫人头上缠着宽大的包头布，手上拿着桂枝，穿过人群，迎着拿破仑走来。拿破仑躲避不及。于是，斯达尔夫人把一束桂枝送给拿破仑，拿破仑说道："应该把桂枝留给缪斯。"

然而，斯达尔夫人认为这只是一句俏皮语，并不感到尴尬。她继续有话没话地与拿破仑纠缠，拿破仑出于礼貌也不好生硬地中断谈话。

"将军，您最喜欢的女人是谁呢？"

"是我的妻子。"

"这太简单了，您最器重的女人是谁呢？"

"是最会料理家务的女人。"

"这我想到了，那么，您认为谁是女中豪杰呢？"

"是孩子生得最多的女人，夫人。"

他们这样一问一答，拿破仑也达到了拒绝的目的。斯达尔夫人也知道了拿破仑并不喜欢自己，于是作罢。

小王毕业以后分到一个小地方打杂，开始很失意，成天和一帮哥们喝酒、打牌。后来逐渐醒悟过来，开始报名参加等级考试。

有一天晚上，他正在埋头苦读，突然一个电话打过来叫他去某哥们儿家集合，一问才知道他们"三缺一"。小王不好意思讲大道理来拒绝他们的要求，也不想再像以前日没夜地玩了，便回答说："哎呀，哥们儿，我的酸手艺你们还不清楚啊，你们成心让我'进贡'嘛，我这个月的工资都快见底了，这样吧，一个小时，就打一个小时，你们答应我就去，不答应就算了。"一阵哄笑后，对方也不好食言，后来他们都知道小王已经另有他事，也就不再打扰了。

还有这样一个例子：

1972 年 5 月 27 日凌晨一点，美苏关于限制战略武器的四个协定刚刚签署，基辛格就在莫斯科一家旅馆里向随行的美国记者团介绍情况，当他说到"苏联每年生产的导弹大约 250 枚"时，一位记者问："我们的情况呢？我们有多少潜艇导弹在配置分导式多弹头？有多少'民兵'导弹在配置分导式多弹头？"基辛格回答说："我不太肯定正在配置分导式多弹头的'民兵'导弹有多少。至于潜艇，我的苦处是数目我是知道的，但我不知道是不是保密的。"一个记者连忙说："不是保密的。"基辛格反问道："不是保密的吗？那你说是多少呢？"记者们都傻眼了，只好嘿嘿一笑了之。

绕着圈子拒绝别人，是讨人喜欢的一种说话方式。但绕圈子必须做到不讨人厌，也就是说必须巧妙，三言两语能够把拒绝的意见表达出来。如果绕了半天，对方还是一头雾水，那就弄巧成拙了。

拒绝那些说话没完没了的人

有朋来访、促膝长谈、交流思想、增进友情是生活中的一大乐事，也是人生道路上的一大益事。宋朝著名词人张孝祥在跟友人夜谈后，忍不住发出了"谁知对床语，胜读十年书"的感叹。然而，现实中也会有与此截然相反的情形。下班后吃过饭，你希望静下心来读点书或做点事，那些不请自来的"好聊"分子又要扰得你心烦意乱了。他唠唠叨叨，没完没了，一再重复你毫无兴趣的话题，还越说越来劲。你勉强敷衍，焦急万分，极想对其下逐客令但又怕伤了感情，故而难以启齿。

但是，你"舍命陪君子"，就将一事无成，因为你最宝贵的时间，正在白白地被别人占有着。鲁迅先生说："无端地空耗别人的时间，无异于谋财害命。"任何一个珍惜时间的人都不甘任人"谋财害命"。

那要怎样对付这种说起来没完没了的常客呢？最好的对付办法是：运用高超的语言技巧，把"逐客令"说得美妙动听，做到两全其美。要将"逐客令"下得有人情味，既不挫伤好话者的自尊心，又使其变得知趣。

例如，暗示滔滔不绝的客人：主人并没有多余的时间跟他闲聊胡扯时，与冷酷无情的逐客令相比，下面的方法就更容易被对方接受。

一是"今天晚上我有空，咱们可以好好畅谈一番。不过，从明天开始我就要全力以赴写职评小结，争取这次能评上工程师了"。这含义是：请您从明天起就别再打扰我了。

二是"最近我妻子身体不好，吃过晚饭后就想睡觉。咱们是不是说话时轻一点"。这句话用商量的口气，却传递着十分明确的信息：你的高谈阔论有碍女主人的休息，还是请你少来光临为妙吧。

有时有些"嘴贫"的人对婉转的逐客令可能会意识不到。对这种人，可以用张贴字样的方法代替语言，让人一看就明白。影片《陈毅市长》里有一位著名的科学家，在自家客厅里的墙上贴上了"闲谈不得超过三分钟"的字样，以提醒来客：主人正在争分夺秒搞科研，请闲聊者自重。看到这张字样，纯属"闲谈"的人，谁还会好意思喋喋不休地说下去呢？

根据具体实际情况，我们可以贴一些诸如"我家孩子即将参加高考，请勿大声喧哗""主人正在自学英语，请客人多加关照"等字样，制造出一种惜时如金的氛围，使爱闲聊者理解和注意。一般，字样是写给所有来客看的，并非针对某一位，所以不会令某位来客过于难堪。

遭遇拒绝后坚持友好的语气

当我们怀着某种目的与别人谈话时，总是希望能得到肯定回答。但正如俗话所谓"好事多磨"，开始时往往被人拒绝。

被拒绝了心里肯定不好受，那怎样回应呢？有的人气盛，一句话就给人家顶回去了，搞得不欢而散。有的人虽然心里不快，却还能冷静下来，用平和的语气来晓之以理。显然后者是讨人喜欢的，能让对方也冷静地思考并认为你很有涵养。转机说不定就会在此发生。

在一家企业面试中，小齐凭借自己的实力已经通过了笔试和前几轮面试，在最后一轮面试过程中，考官突然问道："经过了这轮面试，我们认为你不适合我们的单位，决定不录用你，你自己认为会有哪些不足？"面对考官的问题，小齐虽然很失望，也比较气愤，但还是平静地回答道：

"我认为面试向来是一半靠实力，一半靠运气的。我们不能指望一次面试就能对一个人的才能、品格有充分的了解和认识。通过这次面试，我学到了很多东西，也发现了自己的不足——既有临场经验的不足，也有知识储备的不足。希望以后能有机会向各位考官讨教。我会好好地总结经验，加强学习，弥补不足，避免在今后工作中再出现类似的问题。另外，希望考官能对我全面、客观地进行考察，我一定会努力，使自己尽量适应岗位的要求。"

其实，考官这是在考察小齐的应变能力，并非真的对他不满，如果他们认为小齐不合适的话，不可能再问他问题。

因此，小齐沉着应付，没有中圈套而暴露自己的弱点，回答时非常谦虚，把重点放在弥补弱点上，这可以看出他积极进取的品质，甚至他还表示要诚恳地向考官讨教，无形中博取了他们的好感。

生活就是这样，没有理由要求别人接受我们，当遭遇拒绝的时候，我们一定要保持平和的心态，用友好的语气据理力争。

遭到拒绝是很令人沮丧的事情，但即使再沮丧，也应该坚持说话和气一些。因为一时的拒绝并不等于永远拒绝，甚至有可能是对方的一个小花招。你如果因此口出恶言，就彻底断绝了回旋的余地，而坚持言语和气，还能为今后合作埋下一个好的伏笔。

第四章

借人之力，成己之事：

这么做才"有点儿意思"

满足对方心理，为求其办事儿铺垫

中国有句俗话，叫"篱笆立靠桩，人立要靠帮"。一个人要想一生有所成就，就必须有求人办事的能力。这个话题，说起来很简单，可真正实施起来，又有多少人能轻松做到呢？我们常能听到这样的唠叨："低三下四求人也未必求得动""软磨硬泡就算求动了人家也是不情愿，根本不会给你好好办"……

难道我们就不能让人家心甘情愿地帮忙吗？当然不是了。有求于人，你必须明确，要对方帮你，唯一有效的、事半功倍的方法就是使他自己情愿。那么，我们怎样才能让他人心甘情愿地"为我所用"呢？这就需要心理技巧了。

人的需要是各不相同的，每个人都有各自的癖好与偏爱。你首先应当用自己的计划去满足别人的心理，然后你的计划才有实现的可能。

例如，说服别人最基本的要点之一，就是巧妙地诱导对方的心理或感情，以使他人就范。如果你特别强调自己的优点，企图使自己占上风，对方反而会加强防范心。所以，应该注意先点破自己的缺点或错误，使对方产生优越感。

关于这一点，曾有一个非常有趣的故事。

有一位年轻人是美国有名的矿冶工程师，毕业于美国的耶鲁大学，又在德国的佛莱堡大学拿到了硕士学位。可是当年轻人带齐了所有的文凭去找美国西部的一位大矿主求职的时候，却遇到了麻烦。原来那位大矿主是个脾气古怪又很固执的人，他自己没有文凭，所以就不相信有文凭的人，更不喜欢那些文质彬彬又专爱讲理论的工程师。当年轻人前去应聘递上文凭时，满以为老板会乐不可支，没想到大矿主很不礼貌地对年轻人说："我之所以不想用你就是因为你曾经是德国佛莱堡大学的硕士，你的脑子里装满了一大堆没有用的理论，我可不需要什么文绉绉的工程师。"聪明的年轻人听了不但没有生气，反而心平气和地回答说："假如你答应不告诉我父亲的话，我要告诉你一个秘密。"大矿主表示同意，于是年轻人对大矿主小声说："其实我在德国的佛莱堡并没有学到什么，那三年就好像是稀里糊涂地混过来一样。"想不到大矿主听了却笑嘻嘻地说："好，那明天你就来上班吧。"就这样，年轻人在一个非常顽固的人面前通过了面试。

　　或许你觉得那个大矿主心理有问题，观念比较偏激、夸张，甚至有些滑稽，可年轻的工程师若不让矿主的"问题心理"得到满足，又怎么能让他聘请自己呢？

　　美国著名政治家帕金斯 30 岁那年就任芝加哥大学校长，有人怀疑他那么年轻是否能胜任大学校长的职位，他知道后只说了一句："一个 30 岁的人所知道的是那么少，需要依赖他的助手兼代理校长的地方是那么多。"就这短短一句话，使那些原来怀疑他的人一下子就放心了。人们遇到了这样的情况，往往喜欢尽量表现出自己比别人强，或者努力地证明自己是有特殊才干的人，然而一个真正有能力的领袖是不会自吹自擂的，所谓"自谦则人必服，自夸则人必疑"就是这个道理。

在办事过程中，你要努力做到这点——先在心理上满足对方，这样事情就会变得简单、顺利多了。

乾坤大挪移，化人之力为我所用

古话说得好："三个臭皮匠，胜过一个诸葛亮。"个体不同，就各有各的优势和长处，所以一定要善于发现别人的优势和长处，取其所长，补己之短。

一个人不能单凭自己的力量完成所有的任务，战胜所有的困难，解决所有的问题。须知借人之力也可成事，善于借助他人的力量，既是一种技巧，也是一种智慧。

当我们无力去完成一件事时，不妨向身边可以信任的人求助，也许对我们来说费力不讨好的事情，对他们来说却可能不费吹灰之力就能轻松"搞定"。与其自己苦苦追寻而不得，不如将视线一转，呼唤那些有能力解决问题的人，这样取得胜利的过程自然会顺利不少。

　　一个小男孩在沙滩上玩耍。他身边有他的一些玩具——小汽车、货车、塑料水桶和一把亮闪闪的塑料铲子。他在松软的沙滩上修筑公路和隧道时，发现一块很大的岩石挡住了去路。

　　小男孩企图把它从泥沙中弄出去。他是个很小的孩子，那块岩石对他来说相当巨大。他手脚并用，使尽了全身的力气，岩石却纹丝不动。小男孩一次又一次地向岩石发起冲击，可是，每当他刚把岩石搬动一点点的时候，岩石便又随着他的稍事休息而重新返回原地。小男孩气得直叫，使出吃奶的力气猛推猛挤。但是，他得到的唯一回报便是岩石滚回来时砸伤了他的手指。最后，他筋疲力尽，坐在沙滩上伤心地哭了起来。

　　这整个过程，他的父亲在不远处看得一清二楚。当泪珠滚过孩子的脸庞时，父亲来到了他的跟前。父亲的话温和而坚定："儿子，你为什么不用上所有的力量呢？"男孩抽泣道："爸爸，我已经用尽全力了，我已经用尽了我所有的力量！""不对，"父亲亲切地纠正道，"儿子，你并没有用尽你所有的力量。你没有请求我的帮助。"说完，父亲弯下腰抱起岩石，将岩石扔到了远处。

　　可见，不要羞于向强者求助，有时对自己来说是天大的难事，对强者而言不过是动动手指头的小事。甚至在另外一些时候，即使是敌人，也可为己所用。

　　借人之力，请他人为自己帮忙，以让自己能够获得成功，这是一个人很难能可贵的地方。尤其对自己所欠缺的东西，更需要多方巧借。善于借助别人的力量，善于学习别人的智慧，广泛地接受多家的意见，多和不同的人聊聊自己的构想，多倾听别人的想法，多用点脑子来观察周遭的事物，多静下心来思考周遭发生的一些现象，将让你受益匪浅。正如奥地利著名作家斯蒂芬·茨威格说的："一个人的力量是很难应付生活中无边的苦难的。所以，自己需要别人帮助，自己也要帮助别人。"

在这个世界上没有完美的人，巧妙地借助他人的力量为我所用，自然会有事半功倍的效果。

给他人一个头衔，让他鼎力相助

虽然头衔是虚的，不能增加人的经济收益，但却可以在极大程度上满足人的自我成就感。很多人都通过给予对方一个光辉闪耀的头衔来获得对方的鼎力协作。

斯坦梅茨是一位拥有异常敏锐的观察力和无法估计的才能的人。然而，在他就任通用电气公司的行政主管时，他所管理的事务却乱作一团，因此，他被撤销了行政主管一职，而担任顾问兼工程师。那么，怎样才能使这样一个事业上受挫的人不遗余力地投入到工作中、为公司效力呢？

这时，高层管理人员运用了一些奇妙的用人策略。他们给予了斯坦梅茨一个耀眼的头衔——"科学的最高法院"。一时之间，几乎公司上下所有的人都知道：有一个叫斯坦梅茨的工程师非常了不起，他被称为"科学的最高法院"。而斯坦梅茨也极力维护这个头衔所带给他的荣誉，他不遗余力地工作着，创造了很多奇迹，为通用电气的发展做出了极大的贡献。

头衔是一种公开化的赞誉，面对它，几乎没有人能够真正抗拒。头衔能够让许多人激动不已，能够激发他们的工作热情，当然，还能够赢得他们的忠诚。一个小小的头衔真的拥有这么巨大的魔力吗？

其实，这当中是有其心理学依据的。

首先，从个体心理学的角度看，当一个人被赋予某种头衔的时候，他对自己的自我认知就发生了改变。潜意识中，他将自己和这种头衔统一起来，如果他不按头衔的要求去做的话他就会产生认知失调，也就是自我认知和言行冲突，从而产生心理不适。因此，为了避免认知失调产生，他一定会以积极的言行来极力维系头衔带给他的荣誉。

再则，从社会心理学的角度看，当一个人被赋予某种头衔的时候，实际上是被赋予了某种社会角色。

著名心理学家津巴多曾经做了一个这样的实验：

参加实验的志愿者都是男性。津巴多将他们分成两组，一组扮演监狱里的"看守"，另一组扮演"犯人"。

一天后，几乎所有的参与者都进入了角色。"看守"变得十分暴躁而粗鲁，甚至主动想出许多方法来体罚"犯人"。而"犯人"则"垮"了下来，有的消极地逆来顺受，有的开始积极反抗，有的甚至像个看守一样去欺辱其他犯人。

人有一种将自身的言行与自己所扮演的角色统一起来的本能，人很难抛开自己所拥有的头衔而做出格的事情。

作为美国劳工协会缔造者的塞缪尔·冈伯斯就是凭借这个策略走向了成功。在刚开始的时候，他所面临的困境除了缺少资金之外，还缺少同盟者。为此，他创立了"民间委任状"，专门对那些愿意组织工会的人授予荣誉称号。采用这种方式，一年之中他就获得了 80 个人的鼎力支持。从此以后，美国劳工协会的会员数目开始直线攀升。

横扫欧洲大陆的拿破仑毫不吝啬地创设了许多崇高的头衔和荣誉。他制定了一种十字荣誉勋章，授予了 1500 多个臣民；他重新起用了法兰西陆军上将的官衔，并将官衔授予了 18 位将官；他还以"大军"头衔授予那些优秀的士兵……他通过给予他人头衔的方式赢得了众人的支持。

在应酬社交中，要想获得他人的鼎力支持，给予他人合适的头衔是非常有效的方式，这被无数事实反复证明着。

求人帮助时要动之以情

当我们有求于人时，如果别人用一般理由来搪塞拒绝，我们往往会发现对方其实没有经过深思熟虑，只是因为一些细小的原因而做出了拒绝的决定。如果我们能帮助对方分析现状，用真情打动对方，对方一般会欣然相助。

20 世纪 80 年代初，引滦入津工程正在加紧进行。担负隧洞施工任务的部队因炸药供应不上，面临停工和延误工期。部队领导心急如焚，派李连长带车到东北某化工厂求援。李连长昼夜兼程千余里赶到该厂供销科，可是得到的答复只有一句话："现在没货！"他找厂长，厂长很忙，没时间听他陈述，他就跟进跟出，有机会就讲几句，但厂长不为所动，冷冷地说："眼下没货，我也无能为力。"厂长给他倒了杯茶水劝他另想办法。李连长并不死心，他喝了口茶，说："这水真甜啊！天津人可是苦啊，喝的是从海河槽里、各洼淀中集的苦水，不用放茶就是黄的。"他瞥见厂长戴的是天津产的手表，就接着说："您也是戴的天津表！听说现在全国每 10 块表中就有 1 块是天津的，每 10 台拖拉机中就有 1 台是天津的，每 4 个人里就有 1 个人用的是天津的碱。您是办工业的行家，最懂得水与工业的关系。造 1 辆自行车要用 1 吨水，造 1 吨碱要 160 吨水，造 1 吨纸要 200 吨水……引滦入津，解燃眉之急啊！没有炸药，工程就得延期……"厂长一听，心中受到触动，就问："你是天津人？""不，我是河南人，也许通水时，我也喝不上那滦河水！"厂长彻底折服了。他抓起电话下达命令："全厂加班三天！"三天后，李连长带着一卡车炸药返程了。

在求人办事的时候，能跳出自己的狭小圈子，而从对方内心深处的角度去说话，才更容易引起对方的共鸣，从而答应你的请求。

在美国经济大萧条时期，有一位 17 岁的姑娘好不容易才找到一份在高级珠宝店当售货员的工作。在圣诞节的前一天，店里来了一位 30 岁左右的贫民顾客，他衣衫褴褛，一脸的悲哀、愤怒，他用一种不可企及的目光盯着那些高级首饰。

姑娘要去接电话，一不小心，把一个碟子碰翻，六枚精美绝伦的金戒指落到地上，她慌忙捡起其中的五枚，但第六枚怎么也找不着。这时，她看到那个30岁左右的男子正向门口走去，顿时，她知道了戒指在哪儿。

当男子的手将要触及门柄时，姑娘柔声叫道："对不起，先生！"

那男子转过身来，两人相视无言，足足有一分钟。

"什么事？"

他问，脸上的肌肉在抽搐。

姑娘一时竟不知说些什么。

"什么事？"他再次问道。

"先生，这是我第一份工作，现在找个事儿做很难，是不是？"

姑娘神色黯然地说。

男子长久地审视着她，终于，一丝柔和的微笑浮现在他脸上。

"是的，的确如此。"他回答，"但是我能肯定，你在这里会干得不错。"

停了一下，他向前一步，把手伸给她：

"我可以为您祝福吗？"

他转过身，慢慢走向门口。

姑娘目送着他的身影消失在门外，转身走向柜台，把手中握着的第六枚金戒指放回了原处。

这位姑娘成功地要回了青年男子偷拾的第六枚金戒指的关键是，在尊重谅解对方的前提下，以"同是天涯沦落人"的凄苦的言语博得对方的同情。对方虽是流浪汉，但此时握有打破她饭碗的金戒指，极有可能使她也沦为"流浪汉"。因此，"这是我第一份工作，现在找个事儿做很难"，这句真诚朴实的表白，却饱含着惧怕失去工作的痛苦之情，也饱含着恳请对方怜悯的求助之意，终于感动了对方。对方也巧妙地交还了戒指。试想，如果姑娘怒骂，甚至叫来警察，也可能找回戒指，但姑娘的饭碗还保得住吗？

　　在今天的社会，求人帮忙是越来越难了，别人首先想到的是有没有物质上的好处。但人总有一个特点，就是可以被感动，在求人帮助时能动之以情，就会容易许多。

激起心理共鸣，让他感觉像是在帮助自己

　　在人际交往过程中，"心理共鸣"是一种以心交心的有效方式，也是一门非常微妙的相处艺术。它不仅可以拉近交际双方心灵的距离，而且可以在你求人办事过程中发挥着强大的促进作用。

　　不过，虽然人与人之间本来就有许多地方是相同的，但是要产生共鸣，还需要一定的说话技巧。当你对另一个人有所求的时候，最好先避开对方的忌讳，从对方感兴趣的话题谈起，不要太早暴露自己的意图，让对方一步步地赞同你的想法，当对方跟着

你走完一段路程时，便会不自觉地认同你的观点。

伽利略年轻时就立下雄心壮志，要在科学研究方面有所成就，为此，他希望得到父亲的支持和帮助。

一天，他对父亲说："父亲，我想问您一件事，是什么促成了您同母亲的婚事？"

"我看上她了。"父亲不假思索地答道。

伽利略又问："那您有没有娶过别的女人？"

"没有，孩子。家里的人要我娶一位富有的女士，可我只钟情于你的母亲，她从前可是一位风姿绰约的姑娘。"

伽利略说："您说得一点也没错，她现在依然风韵犹存。您不曾娶过别的女人，因为您爱的是她。您知道，我现在也面临着同样的处境。除了科学以外，我不可能选择别的职业，我对它的爱有如对一位美貌女子的倾慕。"

父亲说："像倾慕女子那样？你怎么会这样说呢？"

伽利略说："一点也没错，亲爱的父亲，我已经18岁了。别的学生，哪怕是最穷的学生，都已想到自己的婚事，可是我从没想过那方面的事，以后也不会。因为我只愿与科学为伴。"

伽利略继续说："亲爱的父亲，您有才干，但没有力量，而我却能兼而有之。为什么您不能帮助我实现自己的愿望呢？我一定会成为一位杰出的学者，获得教授身份。我能够以此为生，而且比别人生活得更好。"

说到这，父亲为难地说："可我没有钱供你上学。"

接着伽利略又说："父亲，您听我说，很多穷学生都可以领取奖学金，这钱是官廷给的。我为什么不能去领一份奖学金呢？您在佛罗伦萨有那么多朋友，您和他们的交情都不错，他们一定会尽力帮忙的。他们只需去问一问公爵的老师奥斯蒂罗·利希就行了，他了解我，知道我的能力……"

父亲被说动了："嗯，你说得有理，这是个好主意。"

伽利略抓住父亲的手，激动地说："我求求您，父亲，求您想个法子，尽力而为。我向您表示感激之情的唯一方式，就是……就是保证成为一个伟大的科学家……"

伽利略最终说动了父亲，他实现了自己的理想，成为一位闻名遐迩的科学家。

这里，伽利略请求父亲帮忙，采用的是"心理共鸣"的说服方法。这种方法一般可分为以下四个阶段。

1. 导入阶段

先顾左右而言他，以对方当时的心情来体会现在的心情。例如，伽利略先请父亲回忆和母亲恋爱时的情形，引起了父亲的兴趣。

2. 转接阶段

伽利略巧妙地通过这句话把话题转到自己身上："我现在也面临着同样的处境。"

3. 正题阶段

提出自己的建议和想法。伽利略提出"我只愿与科学为伴"，这也正是他要说服父亲的主题。

4. 结束阶段

明确提出要求。为了使对方容易接受，还可以指出对方这样做的好处。伽利略正是这样做的，他说："……为什么您不能帮助我实现自己的愿望呢？我一定会成为一位杰出的学者，获得教授身份。我能够以此为生，而且比别人生活得更好。"

正是巧妙运用了"心理共鸣"的方法，伽利略终于达到了自己的目的，为最终实现自己的理想奠定了基础。那么，在日常生活中，我们也不妨试着用这种方法求助别人，这往往会带来让你满意的结果。

用利益驱动别人为己所用

如果我们想要成就一番大事业，单靠自己一人的力量是不行的，必须善于借助别人的力量。而要想借助别人的力量，我们就可用利益驱动别人为己所用。

在长篇历史小说《曾国藩》中，有这么一节：

> 曾国藩初握兵权时，对属下要求极其严格。曾国藩治下的湘军，以"扎硬寨，打死仗"闻名。曾国藩追求的是"多条理、少大言""不为圣贤，便为禽兽""莫问收获，但问耕耘"。梁启超称赞他是"其一生得力在立志，自拔于流俗"，"历百千艰阻而不挫屈；不求近效，铢积寸累，受之以虚，将之以勤，植之以刚，贞之以恒，帅之以诚，勇猛精进，艰

苦卓绝"，其"非有地狱手段，非有治国若烹小鲜气象，未见其能济也"。

但是，曾国藩对待下属比较"吝啬"：在向朝廷保荐有功人员时，"据实上报"，一是一，二是二，有多大功劳就是多大功劳，不肯多报一点，更别说虚报那些无功人员了。这样一来，那些为他出生入死的属下就不乐意了，在以后的战役中，明显的没有以前勇猛。

曾国藩不明就里，直到有一天，其弟曾国荃对他说："大哥，弟兄们现在不卖力干活全是因为你的'据实上报'啊，你是朝廷大员，你可以'修身、齐家、治国、平天下'，你可以百世流芳，这是你的追求。可弟兄们没有你那么高的追求，他们要的就是眼前的利益。弟兄们流血卖命打仗，图的是金银财宝和有个官职以封妻荫子，你不给人家好处，谁给你卖命啊？"

一番话点醒梦中人，尽管曾国藩是个理想主义者，但在现实面前也只能妥协。

我们如何才能让别人追随自己、帮助自己呢？当然，这也是因人而异的。对于一等人才，讲究的是志同道合，即有共同的理想和奋斗目标。这样的人物，是与自己在同一层面上的合作者。

然而，对于次等的人才，除了理想、人格魅力以外，也许更重要的就是实在的利益和好处。就像那些普通的"湖湘子弟"，他们不可能都在历史上留下自己的名字，也许他们也有对理想的追求，但眼前的实际利益无疑更能打动他们。

一等的人才毕竟有限，我们更多需要倚靠的是那些次等人才，所以在与这些人才博弈的过程中，我们一定要用利益驱动他们为己所用。

"我们没有永远的朋友，也没有永远的敌人，只有永远的利益"，这是一百多年前英国首相帕麦斯顿留下的名言。

从政也好，经商也好，若无利可图，谁也不会和你合作，为你所用。看透这一点，在博弈中才能进退自如。

所以，要打动对方，首先要考虑能够给对方什么，你得了解对方要什么？然后考虑自己能否给对方这些东西。简而言之，打动对方的方法是：首先考虑在自己能够接受的范围内能给对方什么好处。

不给对方好处对方就不予合作，你也无法获利。给的好处小了对方劲头不高，合作程度也小，你获利也就少。只有给对方最大程度的好处，对方才能全力以赴，你也才能取得最大的利益。

事后不要过河拆桥，为下次办事铺好路

在人际交往的过程中，有许多人抱着"有事有人，无事无人"的态度，有事时就想起朋友来了，办完事后就过河拆桥，把朋友抛在了脑后，这无疑是断了自己的后路。此类人大多会被抛弃，没人愿意再给他帮忙。

王璐便有一个这样的朋友，那朋友是她高中三年的同学，而且十分要好。她们进入了同一所大学，刚开学，她就

主动当了班级干部。有人说：地位高了，人就会变。自从她上任后，见到王璐，有时干脆装作没看见，日子久了，王璐就疏远她了。但她有时也会突然向王璐寻求帮助。出于朋友一场，王璐总是尽自己所能。可事后，她老毛病又犯了，王璐有种被利用的感觉，却无奈心太软。就这样她大事小事都找王璐，其他朋友劝王璐放弃这份友情，因为这种人不值得交。当王璐下决心与她分开时，她伤心地流下了泪——她除了王璐竟没有一个朋友。

像例子中王璐的那位朋友只会用"互相利用，互相抛弃，彼此心照不宣"来交际，而不去深思人情世故的奥秘之处，这种人很少会得到朋友，更不用说朋友的无私帮助了，他们更加无法达到人情操纵自如的境界。

值得注意的是，在某些"实用型"人物的眼中，所谓的"人情"便是你送我一包烟，我给你几块钱，就像借债还钱，概不赊欠。这种一次性的交际行为令人心里非常别扭。诚然，受助者也许在短时间内不愿再次开口求助，而实施援助行为的一方其实也没有必要固守"事不过三"的古训，当人家确实有困难而无能为力的时候，尽管你已经帮助过他，尽管他不好向你开口，但作为知情者，你不应无动于衷，而不妨再次主动伸出援助之手。事实上这种"后继"的交际行为能够赢得更大的"人情效应"。

但是，无论何种情况下你都应该将人情做好，尤其是办完事情后千万不要过河拆桥，而应该时时铭记着别人的好处，经常保持必要的联系。唯有这样，你的关系网才会牢不可破。

别把"冷遇"当回事儿

在求人办事的时候，受到冷遇也是最正常不过的事情。不过，有些人却因此而拂袖而去，不再相求；有些人怀恨在心，伺机报复……这些都是一般人可能有的正常反应，但说到底，这种反应对于办事毫无益处，有时反而会因小失大，影响办事的效果。你应该对冷遇持不在乎的态度，以"厚脸皮"对待冷落，我行我素，以热报冷，以有礼对无礼，从而最终使对方改变态度。

1946年4月，土光敏夫被推举为石川岛芝浦透平公司总经理。当时，日本大战刚败，百姓生计窘迫，企业的发展更是困难重重，其中最大的困难就是筹措资金。即便是那些著名的大企业，资金也相当紧，更何况芝浦透平这种没有什么背景的小公司，就更没有哪家银行肯痛快地借钱给它了。土光担任总经理不久，生产资金的来源就搁浅了。为了筹措资金，土光不得不每天去走访银行。

一天，土光端着盒饭来到第一银行总行，与营业部部长长谷川郎（后升为行长）商议贷款事项。土光一上来就摆出了不达目的誓不罢休的气势。长谷川则装出爱莫能助的无奈之态。双方你来我往，谈了半天也没谈出结果来。

时间过得飞快，一看到疲倦的长谷川有点像要溜走的样子，土光便慢条斯理地拿出了带来的饭盒，说："让我们边吃边谈吧，谈到天亮也行。"硬是不让长谷川与营业员走开。长谷川只好服输，最终借给了他所希望的款项。

后来，为了使政府给机械制造业支付补助金，土光曾以同样的方式向政府开展申诉活动。于是在政府机关集中的霞关一带，就传开了说客土光的大名。

土光的行为具备了"泡蘑菇"战术主要的要领：脸皮要厚，不至于一见到"钉子"就缩回头；明显地表达了不达目的不罢休的决心；表面上是软磨硬泡的无理性，实际上是以真诚感动了对方。换句话说就是要设法软化被泡对象，讲究"泡法"的礼貌性、合情理。要不温不火，而不能让对方真的生气而反脸相向。

第五章

把话说到他心坎儿里：

您可"真够意思"

给他最想要的那种"捧"

在人的一生中，有无数让他们引以为豪的事情，这些都是一个人人生的闪光点。这些东西又会不经意地在他们的言谈中流露出来，例如，"想当年，我在战场上……""我年轻的时候……"等等。对于这些引以为荣的事情，他们不仅常常挂在嘴边，而且深深地渴望能够得到别人由衷的肯定与赞美。

对于一位老师而言，引以为荣的往往是他教过的学生在社会上很有出息。你为了表达对他的赞美，不妨说："你的学生×××真不愧是你的得意门生啊！现在已经自己出书了。"对于一位一生都默默无闻的母亲，引以为荣的往往是她那几个有出息的孩子。你可以对她说："你有福气啊，两个儿子都那么有出息。"她一定会高兴不已。对于老年人来说，他们引以为荣的往往是他们年轻时的那些血与火的经历。

真诚地"捧"一个人，说说他引以为荣的事情，可以更好地与之相处。

乾隆皇帝喜欢在处理政事之机品茶、论诗，对茶道颇有见地，并引以为荣。有一天，宰相张廷玉精疲力竭地回到家刚想休息，乾隆忽然来造访，张廷玉感到莫大的荣幸，称赞乾隆道:"臣在先帝手里办了13年差,从没有这个例,哪有皇上来看下臣的!真是折杀老臣了!"张廷玉深知乾隆好茶,命令把家里的陈年雪水挖出来煎茶给乾隆品尝。乾隆很高兴地招呼随从坐下:"今儿个我们都是客,不要拘君臣之礼。坐而论道品茗,不亦乐乎?"水开时,乾隆亲自给各位泡茶,还讲了一番茶经,张廷玉听后由衷地赞美道:"我哪里晓得这些,只知道吃茶可以解渴提神。一样的水和茶,却从没闻过这样的香味。"李卫也乘机称赞道:"皇上圣学渊源,真叫人瞠目结舌,吃一口茶竟然有这么多的学问!"乾隆听后心花怒放,谈兴大发,从"茶乃水中君子、酒乃水中小人"开始,论起"宽猛之道"。真是妙语连珠、滔滔不绝,众臣洗耳恭听。

乾隆的话刚结束,张廷玉赞道:"下臣在上书房办差30多年了,两次丁艰都是夺情,只要不病,与圣祖、先帝算得是朝夕相伴。午夜扪心,凭天良说话,私心里常也有圣祖宽,世宗严,一朝天子一朝臣这个想头。只是我为臣子的,尽忠尽职而已。对陛下的旨意,尽力往好处办,以为这就是贤能宰相。今儿个皇上这番宏论,从孔孟仁恕之道发端,譬讲三朝政纲,虽然只是三个字'趋中庸',却发聋振聩令人心目一开。皇上圣学,真是到了登峰造极的地步。"其他人也都随声附和,乾隆大大满足了一把。

张廷玉和李卫作为乾隆的臣下,都深知乾隆对自己的杂经和宏论引以为豪。而张、李二人便投其所好,对其大加捧赞,达到了取悦皇帝的目的。

一个人到了晚年，人生快要走到尽头了，当他回首往事的时候，更喜欢回味和谈论自己曾经经历的那些大风大浪，希望得到晚辈的赞美和崇敬。

例如，一位现在已经 80 多岁的老人，一生中最大的骄傲便是独自一人将 7 个孩子养大成人。现在眼见一个个孩子都成家立业，他经常自豪地对孙子们说："你奶奶死得早，我就靠这两只手把你爸他们几个养大成人，真是不容易啊。"每当这时，如果他的孙子们能乘机美言几句，老人就会异常高兴。

抓住他人最胜过别人的、最引以为豪的东西，并将其放在突出的位置进行捧赞，往往能起到出乎意料的效果。在这一点上，有一个很经典的实例。

在镇压太平军的过程中，一次，曾国藩用完晚饭后与几位幕僚闲谈，评论当今英雄。他说："彭玉麟、李鸿章都是人才，为我所不及。我可自许者，只是生平不好诳耳。"一个幕僚说："各有所长：彭公威猛，人不敢欺；李公精敏，人不能欺。"说到这里，他说不下去了。曾国藩又问："你们以为我怎样？"众人皆低头沉思。忽然走出一个管抄写的后生过来插话道："曾师是仁德，人不忍欺。"众人听了齐拍手。曾国藩十分得意地说："不敢当，不敢当。"后生告退而去。曾氏问："此是何人？"幕僚告诉他："此人是扬州人。入过学，家贫，办事谨慎。"曾国藩听完后说："此人有大才，不可埋没。"不久，曾国藩升任两江总督，就派这位后生去扬州任盐运使。

他人最想要的捧一定是真诚的，不是那种公式般的"捧"，千篇一律，让人反感。

言之有物是指文章或讲话内容具体而充实。与其泛说久仰大名、如雷贯耳，不如说您上次主持的讨论会成绩之佳，真是出人意料等话。若恭维别人生意兴隆，不如赞美他推销产品的努力，或赞美他的商业手腕；泛泛地请人指教是不行的，你应该择其所长，集中某点请他指教，如此他一定高兴得多。

此外，捧人的话一定要切合实际，到别人家里，与其乱捧一场，不如赞美房子布置得别出心裁，或欣赏壁上的一幅好画，或惊叹一个盆栽的精巧。若要讨主人喜欢，你要注意投其所好，主人爱狗，你应该赞美他养的狗，主人养了许多金鱼，你应该谈那些鱼的美丽。赞美别人最近的工作成绩、最心爱的宠物、最费心血的设计，这比说上许多无谓的虚泛的客套话更佳。

找闪光点，捧起来省力又见效

每个人都有缺点，并都有想"淡化其缺点"的倾向。但当你能从别人的缺点中发现闪光之处时，这对别人来说就是一种最佳的"捧"。

事实上，由衷地赞美别人的闪光点，是人生中最令对方温暖、最不令自己破费的礼物。当你用心观察对方的优点，并且发自真心地赞美，友善的关系会在一言一语中逐渐建立起来。

凯丝·达莉想成为一位歌唱家，可是她的脸长得并不好看。她的嘴很大，牙齿也很龅，每一次公开演唱的时候，她一直想把上嘴唇拉下来盖住她的牙齿。她不想露出自己讨厌的牙齿。结果呢？她使自己大出洋相，注定了失败的命运。

可是，在听这个女孩子唱歌的人中间，有一个人却认为她很有天分。他很直率地说："我一直在看你的表演，我知道你想掩藏的是什么，你觉得你的牙长得很难看。"这个女孩子非常难为情，可是那个男人继续说道："不要想着去遮掩，张开你的嘴，如果你不在乎自己的牙齿的话，观众就会喜欢你的。再说，那些你想遮起来的牙齿，说不定正是你的宝贝呢！"

凯丝·达莉接受了他的忠告，没有再去刻意掩饰牙齿。从那时候开始，她只想到她的观众，她张大嘴巴，热情而高兴地唱着，她最终成为电影界和广播界的超级明星。

正如太阳会有黑子一样，短处有时并不影响其本身的优势。对其短处进行适当的分析，让对方接受它，面对它，这样会使他更自信，更有光彩。短处是不会消失的，不管你是否承认，它都是存在的。那么，勇敢地接受它，综合地分析它，就能从心里将它淡化开去。

有人认为，人不过是历史的符号，同时在每个人成长发展的历史过程中又满载着历史记录，其中不乏自己引以为荣的事情。对这些引以为荣的事情，每个人都渴望得到别人较高的评价，如果能够得到衷心的肯定和赞美，更是让人高兴和自豪的事。

了解一个人引以为荣的事情其实很简单。如果是经常接触的人，他的言谈之中常常会流露出一些线索，"兄弟在美国的时候……""我年轻的时候……"所以，一个人真正引以为荣的事情是常常挂在嘴边的。

对于陌生人，则可以从他的职业、所处环境及历史年代大体判断其引以为荣的事情的范围。一位将军引以为荣的往往是他曾经取得的赫赫战功。一位学识渊博的学者则必然对自己发表的论文和专著引以为豪，如果你想对一个陌生的学者，尽一点赞美之意，不妨对他说："先生，您的论文和专著在学术界颇具影响力，久仰大名。"律师则会以自己办理影响力较大的案子而得意，碰到一名律师可以说："做律师的人都不简单，您办的好多案子都相当出色。"纵使是一个农民，也会为今年只有他多种了地瓜，又碰上地瓜行情出奇的好，而有几分成功感。你买瓜时不妨说："老兄，你真有眼力，今年这地瓜行情算是让你给瞅准了。"

楚汉之争的结果是刘邦打败了项羽，刘邦心里自然很骄傲，常常问他的大臣们自己为什么能打败项羽之类的问题。大臣们都非常了解刘邦"胜者为王"的心理，于是都对他的才能赞叹不已。刘邦逐渐产生了自满情绪，执政的积极性慢慢懈怠下来。

一次，刘邦生病后整日躺在宫中，下令不见任何人，不理朝政。周勃、灌婴等许多跟随他征战多年的元勋也都找不到劝说的办法。

大将樊哙想出了个办法，闯进宫中进谏，他掷地有声地先对刘邦的过去进行了一番赞美："想当初，陛下和我们起兵沛县定天下之时，何等英雄！上下团结，同甘共苦，打败了项羽，建立了汉朝社稷大业。"

几句话激起了刘邦对自己辉煌历史的自豪之情，然后樊哙话锋一转："现在天下初定，百废待兴，陛下竟这般精神颓废，大臣们都为陛下生病惶恐不安，陛下却不见大臣，不理朝政，而独与太监亲近，难道就不记得赵高祸国的教训吗？"

刘邦恍然大悟，自此以后，刘邦专心朝政，休养生息，汉朝出现一片兴旺发达景象。

事例中，樊哙先是称赞了刘邦征战时的辉煌战绩和勤政作风，而后又巧妙批评了当时刘邦的颓废和懈怠，赞扬与批评相结合。一席肺腑之言终于震醒了刘邦。

樊哙正是通过称赞刘邦引以为荣的历史，也就是他身上存在的闪亮点，进行劝谏，终于达到了说服刘邦勤政的目的。

很多人之所以无法讲出赞美的话，是因为没有认真去观察对方，找不到可以表达赞美的角度。其实，只要你用心观察，一定可以找出值得赞美的地方，哪怕只是对方打了一条特殊花色的领带，抹了看起来很有精神的口红，或气色十分爽朗，都值得你向他表达赞美。

从细微处开始，捧得更高

在交际中应善于发现细微处的用意，以赞美和感谢来回报对方的良苦用心，这不但会带给对方巨大的心理满足，而且会加深彼此的心灵默契。

很多人在"捧"别人时习惯于泛泛而论，抓不住"捧"的重点，其主要原因就是过分忽视细节。其实，对方之所以在细节上投入那么多的时间和心血，一方面说明对方对此有特别的偏爱；另一方面也说明对方渴望这一部分努力能够得到应有的报偿与肯定。因此，"捧"不能忽视细微之处。

> 法国总统戴高乐在访问美国时，在一次尼克松为他举行的宴会上，尼克松夫人费了很大的劲布置了一个美观的鲜花展台：在一张马蹄形的桌子中央，鲜艳夺目的热带鲜花衬托着一个精致的喷泉。精明的戴高乐将军一眼就看出这是女主人为了欢迎他而精心设计制作的，不禁脱口称赞道："女主人为举行一次正式的宴会一定花了很多时间来进行这么漂亮、雅致的计划与布置吧！"尼克松夫人听了，十分高兴。事后她说："大多数来访的大人物要么不加注意，要么不屑为此向女主人道谢，而他总是想到和讲到别人。"

戴高乐贵为元首，却能精细体察他人的用意，这使他成了一位格外受人尊敬的人。面对尼克松夫人精心布置的鲜花展台，戴高乐没有像其他大人物那样视而不见或见而不睬，而是即刻领悟到了对方在此花费的苦心，并对这一片苦心表示了特别的肯定与感谢。戴高乐赞美的言语虽然简短，但很显然，尼克松夫人获得了深深的感动。

大多数人不愿意从小事上去"捧"别人，这是因为现实生活中的重重障碍，遮住了他们的视线，比如：

有人胸怀治国平天下的大志，但眼高手低。对于"扫一屋"的小事不以为然，认为那些事普普通通，没什么了不起，小菜一碟，形同虚无。

"熟人效应"。周围的人对大家来说，太熟悉了。要么，就是区区小事，不足挂齿，不用说什么；要么，就是熟视无睹。每天我们走在干干净净的马路上去上班，都觉得无所谓，脏了却骂清洁工。父母为你呕心沥血，碾平了生活道路上的坎坷，我们却只知道衣来伸手、饭来张口，他们在你眼里是"隐形人"。同事、亲戚、朋友时时都在关照你，你却受之泰然。

分工不同，责任不同，使人们认为别人做的都是分内之事，是应该的，无须大惊小怪，做不好就要批评，做好了是责任。在这种心理的驱动下，很多人不能正视别人的小成绩。

以上这些态度，都是应当改变的。

单就小事而论，它的确没有非常重要的意义，但我们若用辩证的观点去考察，却会发现一件小事往往会引发大事，几件小事加在一起就有可能产生意料之外的形态和意义。

一位巡警巡逻时发现仓库门口的灭火器坏了，及时报告给总经理。总经理安排相关负责人买了新的重新布置好。一晃半年过去了，谁也没有把这件事放在心上。有一天库房因电线短路突然起火，幸而被及时扑灭，忙乱中，总经理首先想到的是那位细心的巡警。如果不是他发现灭火器坏了，及时更换，那么库房恐怕完了，公司也保不住了。于是，总经理及时赞美了这位巡警，并代表公司向他致谢，号召全体员工向他学习。事过半年了，总经理在日理万机中竟然还记得巡警的报告。

我们如果把事情割裂开想，一个小小的巡警恐怕早已被遗忘在某个角落里了，谁也不会发现报告的重大意义。

生活中的小事犹如一块块未经雕琢的璞玉，如果你没有一双识别它们的慧眼，细心鉴别，它就永远埋在山野石林之中，我们也很难发现它真正的价值所在。

如果我们每一个人都去关注自己身边的一切，去发掘一滴水中的世界，那么在彼此的赞美声中，人们获得的是世间荡漾着的温情。

练习随时捧你身边的男男女女

美国大文豪马克·吐温曾经说过这样一句话："一句赞美能让我活两个月。"其实，无论男人还是女人，都希望得到他人的捧赞，这也是人的一种本性。

所以，在社交场合，无论对男人，还是对女人，有效的捧赞非常重要，可以让彼此的沟通事半功倍。如果你有什么不解之处，不妨自己回想一下，上一回听到别人捧赞你的那种感受：也许是你发表言论时，主管赞许认同地点头表示支持你的论点；也许是轻拍你的肩膀，向你表示"干得不错"；也许是一张没来由的纸条，感谢你为某事适时伸出援手；也许是几句突如其来的赞许……那种感觉难道不是很好吗？

所以，培养随时捧赞他人的习惯，往往可以让你在社交中如鱼得水。正所谓"日日耕耘才会有收获"，捧赞他人也是如此。

不妨思量一下称赞他人的各种可行方式，然后将它们一一列出。随时复习这些表达法，并随时付诸实际行动练习。倘若你真的不善言辞，那么一个温暖有力的握手、一个充满感谢的眼神、一个肯定的点头……对你而言，这只是举手之劳，对接受赞美的人，有时可受用终日，有时可受用终生。久而久之，在任何场合与状况下，相信你都能随口而出几句令人会心的捧赞。

就以女性买衣服为例，当一个女同胞在服装店试穿一件衣服，还在那里犹豫着不知道买不买时，营业员发话了："啊，真漂亮！穿起来非常合身，既朴素又大方，简直是为你定做的！"试想，哪个女人不希望别人说自己漂亮呢？营业员那么一捧，女顾客就会满心喜欢，不再那么犹豫，很可能爽快地买下这件衣服。

这就是生活中对女性很好的捧赞素材！我们可以学习营业员那样，通过夸奖女人衣着漂亮得体而对其本人加以捧赞，既贴近生活，又非常奏效。下面这个例子就是非常好的一个证明。

一天，小何去参加舞会时没有带舞伴。当他看见旁边坐着一位身穿长裙的女孩时，他决定请她跳舞。他走近这位女孩，夸赞道："小姐，您今晚的一袭长裙配上舞场的灯光，简直就给人仙女下凡般的感觉，真是太迷人了！要不是您穿在身上，我真不知道这座城市的某家商场里居然有这样漂亮的长裙在卖！我已经静静地欣赏了您好久，终于忍不住过来邀请您跳一支舞，您不会拒绝一个崇拜者吧！"这位女孩笑了，答应了小何的要求。

小何在这里就是用夸奖美貌的方式使这位女孩和他跳舞。

不仅女人，生活中也要培养随时捧赞男人的习惯。就像鱼儿离不开水一样，男人往往离不开面子。

一个傻乎乎的女人对一个男人说："你哄哄我嘛，只要你夸我，哪怕是一句假话，我心里都是蛮高兴的。"一个大男人对一个女人说："在外给点面子嘛！在家里你怎么修理我都可以，只要在外面给我面子我会感激不尽的。"

男人极看重的就是面子。那么，日常生活中你不妨从这个角度入手，练习如何给足男人面子。例如，你的老公邀请亲朋好友来家里吃饭时，你不妨说："我老公做的饭菜非常好吃，有空来试试吧！"适当在别人面前夸一下，他会觉得很有面子，辛苦些也就心甘情愿了。

现在，聪明的你应该开始留意身边的男男女女了，从点滴中开始练习捧赞他们吧！

故意在背后捧，他在明处更感激

大家都知道，背后说人闲话是不好的。但很少有人知道，背后赞美别人却往往比当面赞美效果更好。

《红楼梦》中有这么一段描写：史湘云、薛宝钗劝贾宝玉做官为宦，贾宝玉大为反感，对着史湘云和袭人赞美林黛玉说："林姑娘从来没有说过这些混账话！要是她说这些混账话，我早和她生分了。"凑巧这时黛玉正来到窗外，无意中听见贾宝玉的话，不觉又惊又喜、又悲又叹。结果宝黛两人互诉肺腑，感情大增。

在林黛玉看来，宝玉在湘云、宝钗、自己三人中只赞美自己，而且不知道自己会听到。这种好话就不但是无意的，还是最真心实意的。倘若宝玉当着黛玉的面说这番话，好猜疑、使小性子的林黛玉可能就认为宝玉是在打趣她或想讨好她。

不用担心，我们在背后说他人的好话，是很容易就会传到对方耳朵里去的。

当面说人家的好话，对方会以为我们可能是在奉承他、讨好他。当我们的好话是在背后说时，人家会认为我们是出于真诚的，是真心说他的好话，人家才会领情，并感激我们。假如我们当着上司和同事的面说上司的好话，我们的同事们会说我们是在讨好上司，拍上司的马屁，从而容易招致周围同事的轻蔑。另外，这种正面的歌功颂德所产生的效果是很小的，甚至还会有起到反面效果的危险。同时，上司脸上可能也挂不住，会说我们不真诚。与其如此，还不如在上司不在场时，大力地"吹捧一番"。而我们说的这些好话，最终有一天会传到上司耳中的。

有一位员工与同事们闲谈时，随意说了上司几句好话："梁经理这人真不错，处事比较公正，对我的帮助很大，能够为这样的人做事，真是一种幸运。"这几句话很快就传到了梁经理的耳朵里，梁经理心里不由得有些欣慰和感激。而那位员工的形象，也在梁经理心里上升了。就连那些"传播者"在传达时，也忍不住对那位员工夸赞一番：这个人心胸开阔、人格高尚，难得！

在日常生活中，背着他人赞美他往往比当面赞美更让人觉得可信。因为你对着一个不相干的人赞美他人，一传十，十传百，你的赞美迟早会传到被赞美者的耳朵里。这样，你赞美的目的也就达到了。

　　足球教练陈亦明为人爽朗，心直口快，极善处理与球员、官员、球迷以及媒体的关系。记者问陈亦明："张宏根和左树声都有执教甲A的资历，如何能成为你的助手？"陈亦明先以简明之言道出了"团结就是力量"这个道理，再道出："国内名气比我们大的不少。一个人斗不过，三个人组合就强大多了。张导是我的老师，左导是我的师兄弟，我们的组合可谓是强强联手、梦幻组合。"此话令人不由想到了当年那集NBA所有高手的美国国家篮球队——梦之队的威风八面。

其语既自我褒扬，又夸张、左二人，敷己"粉"而不显白，赞他人又不显媚，显示出一种极高超的"自我标榜"及"恭维他人"的言语艺术。

张艺谋做人很随和，做导演却极富个性。对其同班同学另一位名导演陈凯歌，他的评价如下："凯歌是个很出色的导演，我跟凯歌的特点在于我们都保持自己的个性。这个个性你可以不喜欢，不欣赏，但凯歌从不妥协，他保持他的个性。而中国这样的导演很少。不能因为凯歌的作品没有得奖，就说这说那的，我觉得这是一种短视。"

因此，我们要想让对方感到愉悦，就更应该采取这种在背后说人好话、赞扬别人的策略。因为这种赞美比当面赞美更容易让人相信它的真实性。

推测性地捧，给对方"妙上加妙"之感

借用推测法来赞美他人，虽然这种方式有一定的主观意愿性，未必是事实，但是能从善意的想象中推测出他人美好的东西，就能给人以美好的感受。

有个善良的小女孩儿，总觉得自己长得丑，总是含羞草似的低着头，就连圣诞节也不例外。就在圣诞节这天，因为低着头走路而撞倒了一个老人——一个白发苍苍的盲人。

小女孩儿吓了一跳，赶紧说了声"对不起"，她的声音挺小，一听就充满了深深的自责。于是，盲人说了一句："没关系。"

女孩儿挺感动，赶紧扶起老人："老爷爷，是我把您碰倒的，我……我挽着您，送您回家，好吗？"女孩儿的声音挺

甜，细细的，像一阵柔柔的风。

但盲人却摇了摇头："不，孩子。听声音就觉得你特别善良。你一定长得很美……"那个"美"字说得挺明亮，使女孩听了怦然心动。

"可我……"小女孩一时不知说什么好。

"去吧，孩子。"老人觉察到小女孩儿还站在自己面前，真诚地对她又叮嘱了一句。

小女孩很感动，深深地点了点头。她已坚信对方能看到写在自己脸上的深深的歉意。

老人转过身，拐杖敲着地面，走了。

小女孩儿的眼里流出了一行热泪。她感激那位老人居然那么真切地夸她"美！"

她看着老人——就这么站着，站着，泪汪汪地看着老人离去的方向。过了好长时间，小女孩才从梦幻般的感觉中回到现实。

也就是打这天起，她走路时也抬起了头，因为她已坚信，美像阳光，也同样簇拥着她！

瞧！这就是推测性赞美创造的奇迹！它使一个自卑的小女孩儿阳光起来，找到了自信！

一般来说，推测性赞美有两种，一种是祝愿式的推测，一种是预言式的推测。

所谓祝愿式推测，主要强调一种美好的意愿，用一种友好的心情去推测对方，带有祝愿的特点。这种推测也未必很可行，但推测者是诚挚而善意的。

所谓预言式推测，带有一些必然性、预见性，可以针对工作、生活中可能会取得的成绩进行预测。

1988 年 10 月，一位来自台湾的客人来到金陵饭店公关部售票台前。

"早上好！"公关经理很有礼貌地站起来招呼。

"我要 3 张后天去上海的 91 次软座票。"这人不耐烦地说。

见客人情绪不好，公关经理立即将订票单取出，帮客人登记。当写到车次时，公关经理习惯性地发问："先生，万一这趟车订不到，311、305 可以吗？它们的始发时间是……"

没等公关经理说完，客人连说："不行！不行！我就要 91 次！"

公关经理又强调了"万一……"，这番好心反而把客人惹火了："什么万一，万一，你们是为客人服务的，就不能这么说。"

这时，公关经理立即意识到自己的说话方法不妥，差一点把客人赶跑了。她根据对方反馈的信息，立即调整话语，转换语气说："我们一定尽最大努力设法给您买到。"这时客人脸上才露出了笑容。

第二天客人来取票。根据头天打交道的情况，公关经理一改过去公事公办的办事态度，笑眯眯地说："先生，您的运气真好。车站售票处明天 91 次车票好紧张，只剩 3 张票，全给我拿来了，看来先生您要发财了。"

客人闻听此言，立即转身跑到宾馆小卖部，买了一大包糖回来请公关经理吃。

　　自那以后，客人每次见到公关经理都打招呼，点头微笑。临走时，他高兴地说："下次来南京，一定还住金陵。"

这个故事中公关经理就用了祝愿式推测。公关经理从买票的幸运"推测"出"发财"一说，这里面没有必然性可言，并不具备多少合理性，但它是一句吉言，能使人听着顺心顺意。祝愿式推测有浓厚的情感色彩。需要真实的情感，并给予最为贴切的赞美。

　　小白的同事小金自幼爱好音乐，受过专门的音乐训练，颇擅长流行音乐，曾获过市级音乐大赛的三等奖。小金刚参加完地区音乐大赛回来，小白热烈地夸她："这次'金榜题名'定是命中注定的。"小金很高兴地说她发挥得不错，不过，对手也较多……

小白的推测是有根据的，建立在小金平时的能力及以前的成绩上。当然，推测并不等于明确的结果，而是具有多种可能性，但前提是被赞美者本身有实力，有可能获得好结果。

预言式推测较适用于同事与同事之间，或父母对孩子的推测。总之，是对身边较熟悉的人所采用的方式，它起到一定的激励作用。

用谦卑的心去捧，对方才会信以为真

捧人能否达到预期效果，最关键之处就是被捧者是否相信你的捧言。若想让对方对你的捧赞信以为真，首先你要有一颗谦卑的心。谦卑是一种难得的美德，用谦卑之心赞美人们，是真诚而有意义的。同时，谦卑之心还将使你更容易发现别人可赞美之处。

具体如何体现你的谦卑之心，下面三种方法非常值得参考。

1. 虚心向他请教

有时，一个人的爱好已变为众所周知的长项时，你的赞美和恭维，他会没什么感觉，如一阵风吹过耳畔，脑中留不下半点痕迹。这时，只要你虚心讨教一番，作毕恭毕敬状，他定会耐心地向你传授其中的诀窍。

> 于飞到一位擅长书法的老师家去拜访，自然话题就放在书法上。于飞谦虚地说："林老师，这些年我虽然努力练字，书法水平却提高很小，恐怕主要是因为不得要领，请您稍稍泄露点秘诀如何？"林老师很兴奋，滔滔不绝地讲起他的书法"经"来："我最大的体会就是练字'无剑胜有剑'，就跟令狐冲练剑一样，不一定非整天坐在那里练字不可……"于飞很高兴地说："现在得您'真经'，以后用心练字，定会大有长进。"林老师很高兴，临别时还送了于飞几幅字让他临摹。

这就是"无赞胜有赞""无声胜有声"的道理。

2. 欣赏他的优势

有时，你面对的人群有优越心理，很难与你交流，欣赏他的优势，谦卑地捧赞将是最好的敲门砖。

下面是一位军人教官的一段自述。

芸芸众生，人与人之间素质各不相同，而一旦我们切准听者的脉搏说话，就会使其像小禾吮甘露一样，顿感滋润和妥帖。一次，我去为某大医院教歌，开始时，人们对我这个当兵的并不感冒，以致工会干部介绍我时，人们似乎根本没意识到我的存在，仍然叽叽喳喳聊个不停。面对这种情景，我拿出喊番号练就的嗓门先说了一句话："同志们，请大家给我这副陌生的面孔一个礼节性的回报，静一下。"这一软中带硬的祈使句，使场上立刻静了下来。我接着说："今天我站在这里，心里很紧张，因为我们这所医院集中了全省医学界资历最深、水平最高的专家和学者。你们在各自的岗位上从事的是拯救生命、延续生命的工作，最讲究争分夺秒，所以，我没有权利用我多余的话来浪费大家生命中的每一分钟，我的义务是把我支配的这块时间都用于教歌，我希望我们的合作不会留下任何遗憾和不愉快。"一席话说到了大家的心里，人们静静地回到各自的座位上，认真学唱歌，再也没有因为维持秩序而耽误时间。

这位教官针对对方基本素质的状况说话，慷慨而准确地赞赏其优势："资历最深、水平最高的专家和学者"，并强调其工作的重要性、崇高性，很容易令人接受。

谦卑之心，并没有弱化你的形象，反而使你更为真实可爱。承认别人的优势，尊重并欣赏别人的优势，使你拥有更多的朋友、更多的沟通、更多的快乐。

3. 肯定其强项

如果细心去观察，你将发现弱者也有其强项，充分肯定它，你将变得更有人缘。如果你能虚心地予以借鉴，将会收获多多。谦逊而诚挚地赞美他人的强项，会使别人扬长避短，更好地发挥其优势。同时，一个谦逊的欣赏人的人会更富人格魅力。

迈克尔·乔丹不仅是驰誉世界的篮球明星，也是美国青少年崇拜的英雄人物之一。他在篮球场上的高超技艺举世公认，而他在待人处世方面的品格也很出众超群。其中一个突出的特点，就是很善于发现和捧赞别人的优点和长处。

为了使芝加哥公牛篮球队连续夺取冠军，乔丹意识到必须推倒"乔丹偶像"，以证明"公牛队"不等于"乔丹队"，1个人绝对胜不了5个人。这个浅显的道理常被人们忽视。在训练中，乔丹执意要鼓动起队员们的自信心，变"乔丹队"为5个人的"公牛队"。

有一次，乔丹问队友皮蓬："咱俩谁投3分球更好些？"

"你！"皮蓬说。

"不，是你！"乔丹十分肯定。

乔丹投3分球的成功率为28.6%，而皮彭是26.4%。但乔丹对别人解释说："皮蓬投3分球的动作规范、自然。在这方面他很有天赋，以后还会更好。而我投3分球还有许多弱点！"

　　乔丹还告诉皮蓬，自己扣篮时多用右手，或习惯地用右手帮一下。而皮蓬双手都行，用左手更好一些。这一细节连皮蓬自己都没有注意到。

　　皮蓬是公牛队最有希望超越乔丹的新秀。乔丹则把小他3岁的皮蓬视为亲兄弟。他说："每回看他打得好，我就特别高兴；反之则很难受。"

　　1991年6月，美国职业篮球联赛的决战中，皮蓬夺得33分，超过乔丹3分，成为公牛队这个时期的17场比赛得分首次超过乔丹的球员。这是皮蓬的胜利，也是乔丹的胜利。

　　用心发现，每个人都有可爱、出色的一面，"智者千虑必有一失，愚者千虑必有一得"，让我们以谦卑之心捧赞其强项。

第六章

酒香也怕巷子深：

推销自己没什么"不好意思"

王婆卖瓜，必须自夸

有句俗话叫："王婆卖瓜，自卖自夸。"虽然这句话蕴含了一些自吹自擂的意味，但这种自吹并不是没有道理的。

社会就如同一个大丛林，许多机会都是要靠我们自己去争取的。如果有能力，就应该自告奋勇地去争取那些许多人无法胜任的任务，千万不要把自己淹没在人群中，或者躲在被人们遗忘的角落里。成功者会让自己闪耀夺目，像磁铁一样吸引各方的注意。

有一匹千里马，身材非常瘦小，它混在众多马匹之中，黯淡无光。主人不知道它有与众不同的奔跑能力，它也不屑表现，它坚信伯乐会发现它的过人之处，改变它被埋没的命运。

有一天，它真的遇到了伯乐。这位救星径直来到千里马面前，拍了拍马背，要它跑跑看。千里马激动的心情像被泼了盆冷水，它想，真正的伯乐一眼就会相中我，为什么不相信我，还要我跑给他看呢？这个人一定是冒牌！千里马傲慢地摇了摇头。伯乐感到很奇怪，但时间有限，来不及多做考察，只得失望地离开了。

又过了许多年，千里马还是没有遇到它心中的伯乐。它已经不再年轻，体力越来越差，主人见它没什么用，就把它杀掉了。千里马在死去的一刹那还在哀叹，不明白世人为什么要这么对待它。

客观而言，千里马的一生非常悲惨，甚至有些"怀才不遇"的意味。它终年混迹于平庸之辈中，普通人不能看出它的不凡之处，伯乐也错过了提拔它的机会。但是，造成这种悲剧的是谁呢？是它的主人吗？是伯乐吗？都不是！怪只能怪千里马自身，假如它当初能够抓住机遇，勇敢地站出来，在伯乐面前它能不顾一切地奔跑起来，表现出自己与众不同的优秀品质来，用速度与激情证明自己的实力，恐怕它早就可以离开那个狭窄的空间，到属于自己的广阔天地尽情施展了。

曾经人们总说"酒香不怕巷子深"，其实非也，这甚至会耽误很多英雄。试想，要有多么浓郁的芳香才能从深巷里传入人们的鼻端呢？又有多少人能够静下心来寻找这芳香的源头呢？只怕最终也不过落得个"长在深巷无人识"。有些人常慨叹怀才不遇，却不知何时才会自我醒悟，因为有能力是需要表现出来的，有本事就要发挥出来，不吭声、不动作，谁会知道你胸中的万千丘壑，谁会将你这匹千里马从马群中挑选出来呢？

不少人总是满怀希望地等待着，期待伯乐从远方来发现自己、提拔自己。只可惜千里马常有，而伯乐不常有。并不是所有领导、上司都独具慧眼，将机会拱手送上。在你做白日梦的时候，别的千里马，甚至是九百里马、八百里马们早已迎风疾驰，令众人瞩目，获得了展示自己的舞台。而默不作声的你，自然被淹没在无人问津的平庸者当中。

现实终究是现实，美好的东西不会主动跑到你面前来，一切都要靠你自己主动争取。要知道，就算天上掉下馅饼，也要你主动去捡，而且你还必须抢先别人一步。金子如果被埋在土里就永远不会闪光。如果要闪光只有两种可能：一种是被矿工侥幸发掘，而这需要有千载难逢的机会；另外一种是通过自己的力量破土而出。如果你努力，如果你是真金，这种可能几乎等于必然。

因此，即便是实力爆棚的人，也要学会表现自己，要善于表现自己，才能让自己的优势展现于世人面前，才能使自己成为求才若渴的人们心目中的抢手货。

以当代职场为例，默默无闻、埋头苦干的人，往往不能被重用。一个人要想成功，不仅仅要拥有雄厚的实力，还要会表现自己，这样才有机会脱颖而出。

正如美国著名演讲口才艺术家卡耐基所言："你应庆幸自己是世上独一无二的，应该把自己的禀赋发挥出来。"在如今这个凸显自我价值的时代，实力已不是成功的唯一条件，还需把自己"捧红"，把自己"炒热"，这是一种主动把握人生的方式。

自卑者错过机遇，自信者创造机遇

自卑的人总喜欢低估自己，自愧无能，甚至自怨自艾、悲观绝望。他们不会在别人面前表达自我，更不用说自我夸赞了。他们就像乞讨者一样，永远卑微地活着。即使有好的机遇降临身边，他们也很容易错过。

自信的人却恰恰相反，因为坚信自己一定会成功，他们做事往往胸有成竹，能勇敢地迈出每一步，从而最大限度地挖掘自身的潜力。在他们眼里，外来的挑战虽然很残酷，但不管能不能克服，总有过去的时候。对他们来说，只要心中充满了信念，即便身处逆境，也能够为自己创造好的机遇，同样能赢得无数的掌声。

举世闻名的指挥家小泽征尔，成名之前，在一次世界优秀指挥家大赛上，他发现了不和谐的声音，觉得乐谱有错。这时，评委们却坚持说乐谱没有问题。面对这些权威人士，小泽征尔斩钉截铁地说："不！一定是乐谱错了！"话音刚落，评委们便报以热烈的掌声。原来，这正是比赛的一部分，小泽征尔的勇敢、自信征服了所有评委。

正是因为相信自己，小泽征尔才果断地跳过了"圈套"。这次的夺魁，也正如一盏明灯，照亮了他的前程！

成功不一定站在智慧的一方，但一定会站在自信的一方。相信自己，就会拥有自己的成就与幸福。如果你真的相信自己，并且深信自己一定能实现梦想，你就一定会成功。因为你相信"我能做到"时，自然就会想出"如何去做"的方法。

有的时候别人（或者整个大环境）会怀疑我们的价值，久而久之，连我们本人都会对自己的重要性感到怀疑，接受了社会强加给我们的角色，变得自甘堕落起来。如果你任由这种事情发生在你身上，你将一辈子都无法抬起头来，只能沿着"乞丐"的道路无奈地走下去。

但如果你能跳过那个"圈套"，一切就会在那一瞬间变得很不同。那是自信的力量，是敢于向自我挑战、超越自我的精神，唯此才能重新评价自我，认真审视自我，深刻反省自我，不断总结自我，从而更好地深化、发展、完善自我；才能焕发心底的勇气与动力，才能经受磨炼和考验，才能承担更多的责任，铸造更辉煌的人生！

请相信自己，如果我们不能做到心灵统一，就不可能发挥出生命的潜在力量，不发挥出潜在力量，就是自己埋没自己。也许你并没有意识到：在大部分时间、大多数事物中，不是别人限制你，而是你埋没了你自己。行动起来，去创造你需要的机遇吧！

聪明人，就要自我推销

表现欲是人们有意识地向他人展示自己才能、学识、成就的欲望。对于我们来说，增强自己积极的表现欲尤为重要。实践证明，积极的表现欲是一种促人奋进的内在动力。谁拥有它，谁就会争得进一步发展自己的机会，从而接近成功的彼岸。

然而在现实生活中，有些人并不这样看问题，他们对表现欲存有偏见，以为那是出风头，是不稳重、不成熟。这样一来，他们不但失掉了很多机会，而且给人留下了平庸无能、无所作为的印象，自然得不到好评和重用。这些现象反而告诉我们，表现欲不足无疑是一种缺憾，积极的表现欲应该成为现代人必备的心理。

自我表现的目的是为了成功地把自己推销出去，让人们看到自己真正的才干与实力，把那些原本可能不属于自己的机会拉到自己的面前，这样成功的机会将会大大增加。

有这样一个故事，讲的是一个多次失业者在面试时推销自己的妙招。

某大公司招聘人才，应者云集。其中多为高学历、多证书、有相关工作经验的人。

经过3轮淘汰，还剩11个应聘者，最终将留用6人。因此，第四轮总裁亲自面试，将会出现十分残酷的场面。可奇怪的是，面试现场出现了12个考生。

总裁问："谁不是应聘的？"

坐在最后一排的男子一下子站了起来："先生，我第一轮就被淘汰了，但我想参加一下面试。"

在场的人都笑了，包括站在门口闲看的老头子。总裁饶有兴趣地问："你连第一关都过不了，来这儿又有什么意义呢？"

男子说："我掌握了很多财富，我本人即是财富。"

大家又一次笑得很开心，觉得此人不是太狂妄，就是脑子有毛病。

男子接着说："我只有一个本科学历，一个中级职称，但我有11年工作经验，曾在18家公司任过职……"

总裁打断他："你学历、职称都不算高，工作11年倒是很不错，但先后跳槽18家公司，太令人吃惊了。我不欣赏。"

男子站起身："先生，我没有跳槽，而是那18家公司先后倒闭了。"在场的人第三次笑了。一个考生说："你真是倒霉蛋！"男子也笑了："相反，我认为这是我的财富！我不倒霉，我只有31岁。"

这时，站在门口的老头子走进来，给总裁倒茶。男子继续说："我很了解那18家公司，我曾与大伙努力挽救那些公司，虽然不成功，但我从那些公司的错误与失败中学到了许多东西，很多人只是追求成功的经验，而我，更有经验避免错误与失败！"

男子离开座位，一边转身一边说："我深知，成功的经验大抵相似，而失败的原因各不相同。与其用11年学习成功的经验，不如用同样的时间去研究错误与失败；别人成功的经历很难成为我们的财富，但别人的失败过程却是！"

男子就要出门了，忽然又回过头说："这11年经历的18家公司，培养和锻炼了我对人、对事、对未来的洞察力，举个例子吧，真正的考官不是您，而是这位倒茶的老人。"

全场11个考生哗然，惊愕地盯着倒茶的老头。那老头笑了："很好！你第一个被录取了，因为我急于知道，我的表演为何失败。"

在这里，该男子的面试过程可谓一波三折，但整个过程却都是该男子推销自我的表演。因此，要想使别人接纳自己，并重用自己，你必须使出全部招数，竭尽全力去游说，必须有创意，而且具有鲜明的印象，让用你之人因佩服而接纳你。

推销是一种才华，就像是绘画一样，两者都需要培养个人的风格；没有风格的话，你只是芸芸众生中的一个而已。推销自己是一种才能，也是一种艺术。有了这种才能，人们才可能安身立命，才能抓住机遇使自己处于不败之地。能够将自己推销给别人的人才能推销世界上任何有价值的东西。

一个真正有心机的人，不仅要有能力、会做事，还要会表现自己、推销自己。绝大多数人都有自己的理想和目标，但人生的第一步是学会醒目地亮出自己，为自己创造机会。说到底，这是一种观念，是主动出击还是被动选择？其实，这在很大程度上决定着你的成功与否。

往脸上贴黄金，增加办事筹码

一般人求人，态度一定会低三下四，让对方怜悯，好像只有这样才容易获得救助。这种人见得多了，也就见怪不怪了。如果你一反常规，巧用手段为自己贴金，从气势上并不输给对手，然后你再故意说一些抬高自己身价的话语，对方肯定会想到你或许真的实力不凡。

要知道，人际场上，本来就虚虚实实，谁也无法完全摸清伙伴和对手的底细。在这种大环境下，如果你势力较弱而又想把自己事业做大，那么你就应该多往脸上贴些"黄金"，抬高身价，至少给对方一个你实力强大的假象，这样你才能成功地借助对方的力量。

　　有一年国际木材市场需求增加，价格上扬，某大型林场看准这一时机，将林场的木材推入国际市场，市场反映良好。然而好景不长，几个月后，由于市场竞争激烈，木材的价格大幅下跌，如果继续坚持出口，林场将每年亏损上千万元。面对危机，场长认为，在国际交易中他们是后起者，在强手如林的情况下，挤进去非常不容易，应想办法站住脚才行。如果一遇风险和危机就退出来，那么，想再占领市场就会更困难。于是他决心带领大家从夹缝中冲出去。为此，他亲自参加一些大型宴会，借此搜集信息，寻找合伙对象，开辟新市场。

　　在一次宴会上，场长遇到国外一家著名的家具生产集团的总经理。场长开门见山，表明希望那家公司能够把他们的林场作为原料采购基地。对方公司总经理说："现在我们的原料供应系统很稳定，你有什么优势让我们把别的公司辞掉，而选用你们的木材？"场长不卑不亢地列举了该林场三大优势：第一，我们林场的木材质量有保证，有很高的信誉；第二，我们可以长期合作，保证长期供货，长期供应价格上我们可以给予一定的优惠；第三，我们林场有自备码头，能保证货运及时，并有良好的售后服务，更重要的一点是保证信守合同。场长在大谈林场的三大优势后，还不紧不慢地对外方总经理说，林场刚刚与国际上另一家知名公司签订了供货合同。那位经理听说连A公司那样的大公司都与中方的这家林场签订了合同，看来林场实力不弱啊！他立即同意就供货问题正式洽谈。签订合同之前对木材进行现场检测。经检测，木林质地良好，是家具原材料的上上之选，经过一番讨论，双方正式签订了合同，从此该林场在国际市场上站稳了脚。

上例中，那位场长没有刻意地恭维对方，而是底气十足地向对方提出要求，紧接着在不经意中道出自己与另一家公司签订了合同，无形中抬高了林场木材的身价，让对方对他刮目相看，如此一来，事情自然好办多了。

足见，求人办事，手段一定要灵活，特别是在商业场合求陌生人时，如果自身力量较弱，处于劣势，那么你不妨巧用一些手段，往自己脸上贴金，把身价抬高，增加自身分量，为自己办事创造一些更好的条件。

当然，脸上的"黄金"是有一定限度的，否则无限度地拔高自己只能是玩火自焚。

给魅力加点儿"磁性"，吸引更多的人

美国著名成功心理学大师拿破仑·希尔博士说："真正的领导能力来自让人钦佩的人格。"积极、真诚、守信、勇敢……能将这些世人向往的因素集于一身者，其富有魅力的人格便会在无意间吸引许多人，视其为一种信仰，甘愿成为其信徒。

无数事实证明，想要成为精神领袖，让周围的人们追随你，

形成一个凝聚人心、催人奋进、具有强大吸引力的领导核心，仅仅依靠体制和职务赋予的权力是远远不够的，还需要给自身的魅力加一些能让众望所归的"磁性"。

在封建社会，统治者为了加强君权，经常采用的一个手段便是极力美化君主的人格："神圣者王，仁智者君，武勇者长，此天之道、人之情也。"统治者总是力图使人民相信：君主的人格是完美的，君主即代表着伟大、睿智、圣明、仁德、英武。

其实，古代不少君主不可能兼具上述美德，但他们十分注意不从自己的口中露出一言半语违背上述美德的话，并且注意使那些看见君主和听到君主谈话的人都觉得君主是位非常之人。这样才能达到"顺应民心"的目的，为自己创造一大批忠心追随的信徒。

从积极的角度看，封建统治者非常重视提升自己的人格魅力，以此来加强自己的精神感召力和影响力，让人们心甘情愿地追随自己。人格魅力能创造多大的影响力？时代华纳总裁史蒂夫·罗斯为我们做出了回答。

虽然罗斯的生活沉浸在幻想之中，他的行事作风专擅独裁，但他绝不露出一副高高在上的模样，即使对地位低下的人也绝不摆出一副盛气凌人的架势。他至少不会给人以妄自尊大的感觉，他能顾及别人应有的尊严。

得力干将达利是这样表述罗斯的"亲和力"的："罗斯对周围人物的感受处处可见，他和每一位秘书都曾亲切地交谈。如果他离开时忘了向安或玛莉莎（达利的助理）道再见，他会说'天啊！我忘了说再见'，然后再折回去。如果他留在公司而由安替他做什么事情的话，第二天就会有一打红玫瑰放在她的桌上。"为了和公司低层的员工打成一片，罗斯可以说费尽了心思。他确实成功了。所有人都从内心深处尊敬他、感激他，并自动自发地追随他。

对于手下的得力干将，罗斯则另有一套方案创造信徒。他赋予部门主管绝对的自主权，他告诉他们犯错无妨，但就是不要太离谱。因此，他鼓励主管要有自己就是老板的意识。罗斯言行如一，从不干涉主管的决策，无论是否景气，他永远是他们忠实的支持者。这种亲切、温厚、如慈父般的作风完全符合他的个性，并且深入人心。当其他同行的管理阶层因流动率太高而元气大伤之际，华纳的高级主管一律长期留任。每当他的控制权受到来自合并的挑战时，他手下的主管便群起反对他的对手，从而帮助他渡过一次次的权力危机。

罗斯知道，要使员工真正成为信徒，还必须给他们以实惠。无论如何，运用各种手段将公司的财富与同僚共享，对罗斯而言似乎是天经地义的事。谈起薪资、津贴和一些千奇百怪的福利措施，华纳可说是一应俱全，称得上真正的全能服务公司。罗斯让他手下大将各个成为千万富翁，他们对他奉若神明，事实上，他的周遭人士对他不但绝对忠诚，而且近乎个人崇拜。

除以上几点之外，罗斯获得人们信仰的保证是他迷人的梦想以及凭借实现梦想的超凡能力所建立起来的良好信誉。"要与罗斯相处，就必须是他忠诚的信徒。一旦进入他的世界——那里强调的是忠诚——则你的梦想（依照他的指示）都能够实现。"

古往今来，信徒式文化一直是维系人心的重要因素。就拿世界 500 强的宝洁公司来说，信徒式文化也产生了良好的效果。宝洁长期以来一直细心挑选新员工，雇用年轻人做最初级的工作，然后把他们培养成具有宝洁思维和行为方式的人，再让这些在宝洁文化中成长起来的"宝洁信徒"做中高级管理人员。这些忠实的员工在宝洁内部形成了上下一心、团结奋进的气氛，大家群策群力，以公司发展为信念，以信徒式的狂热，贡献出自己的全部力量。

足见，充满"磁性"的人格魅力，才是聚集众人的精神力量。当你带着动人的人格魅力站在人们面前时，无须聒噪的鼓动与召唤，他们也会紧紧地追随在你身边，为你的目标而奋斗，为你的梦想而努力。

制造一些神秘感，勾起他人注意

虽然我们常说爱情应该是纯真、圣洁的，但在爱情中，却不能一切如白开水一般透明清澈，而是应该"汪汪如千顷波，澄之不清，淆之不浊"。

小萌和男朋友恋爱七年了，虽然一直没有步入婚姻的殿堂，但两人感情非常好，而且对未来的婚姻充满信心。不少人逗小萌说："人家都说七年之痒，到现在还没有领证，你怎么还那么死心塌地跟着他呀？"对此，小萌每次都是毫无忌讳地回答："看多了和我一样工作背景的人，对异性有些麻木了。而他从事的职业比较特殊，身为公安干警，他从不和我谈工作上的事。常常一个电话打来，他就马上从恋人的角色中跳出来，匆匆赶去工作。无论我怎么问，他都不说去干什么，而他越是不说自己去干什么，我就越想知道，我会坐在约会的地方慢慢地想他，等他的电话——觉得很过瘾。或许正是因为这种神秘感让我始终对他着迷。"

小萌的男友是在无意间给她留下了神秘感，通过激起小萌的好奇心，将小萌的心牢牢地抓住了。不过，让自己有神秘感，还要求在表白爱意时不能太直白，要含蓄一些。如某些恋爱高手只是对一个女孩好，可就是不说自己喜欢她，搞得对方牵肠挂肚，最后他朦朦胧胧地说了心思，女孩就成了他的女朋友。

人常说"得不到的东西总是最好的"，因为想象力比视力能量更大。不仅爱情如此，社会上的一些非常重要的人物，也总是为保持神秘感偶尔故意减少自己在公众场合的露脸次数，吊大家的胃口。例如，有些明星故意缺席自己的新片宣传会，有些名人故意让别人代替自己出席某些颁奖典礼，等等。

所以，我们在现实的生活中也应学会巧妙地给自己制造些神秘感。那么，具体该如何去做呢？下面三点是较好的参考。

1. 语言搪塞

很多社交高手在被问及近况时，总是不经思索地回答："好忙喔！时间好像都不够用呢！"之类的话，并且显露出一副满足的表情。如果问话方继续说道："没关系，能者多劳嘛！"或者："哇，那真是辛苦啊！"高手们必定神气活现，却装着谦虚地回答说："唉，属黄牛的，劳碌命啊！"

其实，虽然他们口头上是抱怨，内心却存着炫耀。对于生活的繁忙，他们未必介意，多数是想借着声称自己忙碌，来展示自己的能力，提高自己的身价。所以，你不妨运用些语言的搪塞技巧，把自己扮演成一个大忙人，从而吊起想见你的人的胃口。

2. 表示你胸怀大志

让别人钦佩自己的方法很多，其中最有效的方法是让人感到你非常有发展前途。一个著名作家曾在杂志上发表大作，介绍他年轻时的一个同事。这位同事年轻时就很有抱负，常对人说："我今后一定要成为国会的议员。"然而这位同事到最后仍未实现当议员的梦想。但在当时，许多同事都认为他有远见，很了不起，甚至公司方面也对他产生了"能有这种志气的人在我们公司服务，真是难得"的评价。所以，他很快就升为部长，并在不久后被提升为公司经理。

就像老师喜欢有远大抱负的学生一样，人们总是欣赏胸怀大志的人。要知道，即使你的蓝图完全不可能实现，同样能给人留下很好的印象。所以，你不妨对你的同事或朋友说："我将来要拥有自己的公司，而且一定要实现这个计划"，并将这样的话重复数次。这样，连那些原本不太相信的人，也会不知不觉地认为："他很有可能干出一番轰轰烈烈的事业来，不可小觑啊！"有一个将来的发达者做朋友，人们会有沾光的心理，于是对你更加关注。

3. 表现得非常能干

无论在职场，还是商场，人们总喜欢对能干的人竖起大拇指。所以，你如果自己的记事本或备忘录写得满满的，然后有意无意地拿给别人看，就会给对方造成这样的感觉："这个人太能干了！"因为在人们眼中，整日繁忙、交际广泛的人大多是神通广大的，从而为自己打造出万人求的样子。

人无我有、人有我新，怎么比都胜出

你是否留心过这些常见的现象：在人山人海的大街上，如果突然出现一位穿着另类或非常时尚与众不同的人，大家便会把目光集中到这个人身上；很多商家的高额利润，并不是出自那些销售量很大、性价比非常高的低端产品或基础性产品，而是出自那些新开发出来的、刚上市的新产品；人际交往中，大家对你印象深刻之处，往往是你与众不同的地方……

说得直白些，一个人若总是千篇一律的样子，转着程序化、机械化的大脑，很难吸引他人的注意力，很难在竞争中脱颖而出，取得成功。很多时候，一点小的改进、一种新的方式，就会让自己与众不同。

智利有一家餐厅，除收款人与厨师外，一律使用动物服务员。顾客刚进餐厅，门前就有两只鹦鹉分别用英语、法语、西班牙语向顾客问好。然后，一只金丝猴热情上前，为顾客脱下外套并挂在衣帽钩上。顾客落座之后，一只温顺的长耳犬立刻嘴叼菜单迎上来，恭请顾客点菜。紧接着，两只身材高大、腰系围裙的长毛猴就会把美味的饮料与食品依次送上。等到顾客用餐完毕，金丝猴还会把客人的衣帽送还，并递上一个银盘，礼貌地索取小费。

这种服务方式非常独特，由于是绝无仅有的一家，客人接踵而至且客源不断，钞票也随之滚滚而来。

故事中小餐厅的成功，就在于"人无我有"四个字。不仅这家小餐厅，诸多例子都证明了敢于在"新"字上做文章的人，一定会赢个盆满钵满。

20世纪70年代，生产"美的思"妇女透明丝袜的公司，在美国广播公司的晚间节目中，推出了一条轰动全国的广告。

一开头，就是一双线条优美、穿着长筒丝袜的腿，这时，响起了一个女性动人的画外音："我们将向所有的美国妇女证明，'美的思'牌长筒丝袜可使任何形状的腿都变得非常美丽。"

镜头慢慢地往上移，观众想象着模特一定是一个美丽动人的少女，或是哪位光彩照人的女明星。但镜头中慢慢出现了蓝色的运动短裤、棒球运动员汗衫。最后，观众才看到：这个穿着妇女长筒丝袜的竟然是个男性——著名的棒球明星乔·拉密士！他笑眯眯地向观众致意，对惊讶不已的观众说："我并不穿长筒丝袜，但我想，'美的思'长筒丝袜能使我的腿变得如此美妙，相信它一定能使你的腿变得更加美丽。"

这个广告一播出，"美的思"丝袜一夜之间立即家喻户晓，随后销量陡然上升，乔·拉密士也由棒球明星摇身一变，成了全美著名的男模特。

你也想迅速在竞争中脱颖而出吗？那就要敢于求新、立新、创新，而不是囿于经验、囿于成见、囿于世故。

生活中，那些有影响力的成功人士，其聪明之处就在于他们能从平常处见别人所未见，想别人所未想，"人无我有，人有我新，人新我变"，是他们成功人生的圭臬。

第七章

人脉都是设计出来的：

突破"不好意思"，把陌生人变成朋友

巧说第一句话，陌生人也能一见如故

　　与陌生人打交道，说好第一句话，就会给对方留下好印象，从而带动对方的谈话欲望，这样，就能打开对方的话匣子，谈话便会自然而然地顺利进行下去。

　　与陌生人打交道，谁都会存有一定的戒心，这是初次交往的一种障碍。而初次交往的成败，关键要看如何冲破这道障碍。如果你用第一句话吸引对方，或是讲对方比较了解的事，那么，第一次谈话就不仅仅是形式上的客套了。如果运用得巧妙，双方会因此打成一片，变得容易相处了。

　　比如，在一个严冬的夜晚，你与一位陌生人见面，"今晚好冷"这句话自然会成为你们之间所使用的开场白。单纯地使用它，虽然也能彼此引出一些话来，但这些话也可能对彼此无关紧要，这样，再深一步的交谈也就困难了。但是，如果你这样说："哦，今晚好冷！像我这种在南方长大的人，尽管在这里住了几年，但对这种天气还是难以适应。"如果对方也是在南方长大的，就会引起共鸣，接着你的话头说出一些有关的事。如果对方是在北方长大的，他也会因为你在谈话中提到了自己的故乡在南方，而对你的一些情况产生兴趣，有了想进一步了解你的欲望，这样就可以把交谈引向深入。而且把自我介绍与谈话有机地结合，也不致令人觉得牵强、不自在。人们在不知不觉之中，就放弃了戒备的心理，从而产生了"亲切感"。

有的人采用一种很自然的、叙述型的谈话开头，也能给人一种亲切感，同时还能让人想继续向他询问一些细节。

说第一句话的原则是：亲热、贴心、消除陌生感。总结起来常见的有三种方式。

1. 攀认式

赤壁之战中，鲁肃见诸葛亮的第一句话是："我，子瑜友也。"子瑜，就是诸葛亮的哥哥诸葛瑾，他是鲁肃的挚友。短短的一句话就定下了鲁肃跟诸葛亮之间的交情。其实，任何两个人，只要彼此留意，就不难发现双方有着这样或那样的"亲""友"关系。

例如，"你是××大学毕业生，我曾在××进修过两年。说起来，我们还是校友呢！"

"您来自苏州，我出生在无锡，两地近在咫尺，今天得遇同乡，令人欣慰！"

2. 敬慕式

对初次见面者表示敬重、仰慕，这是热情有礼的表现。用这种方式必须注意：要掌握分寸，恰到好处，不能胡乱吹捧，不要说"久闻大名""如雷贯耳"之类的过头话。表示敬慕的内容也应该因时因地而异。

例如，"您的大作《教你能说会道》我读过多遍，受益匪浅。想不到今天竟能在这里一睹作者风采！""桂林山水甲天下。我很高兴能在这里见到您这位著名的山水画家！"

3. 问候式

"您好"是向对方问候致意的常用语。如能因对象、时间的不同而使用不同的问候语，效果则更好。对德高望重的长者，宜说"您老人家好"，以示敬意；对年龄跟自己相仿者，称"老×（姓），您好"，显得亲切；对方是医生、教师，说"李医师，您好""王老师，您好"，有尊重意味。节日期间，说"节日好""新年好"，给人以祝贺之感。早晨说"您早""早上好"则比"您好"更得体。

说好了第一句话，仅仅是良好的开端。要想谈得有味，谈得投机，你还得在谈话的过程中寻找新的共同感兴趣的话题，这样才能吸引对方，使谈话顺利地进行下去。

把握好开头的五分钟，攀谈就会自然而然

人们第一次相遇，需要多少时间决定他们能否成为朋友？美国伦纳得·朱尼博士在所著的一本书中说："交际的点，就在于他们相互接触的第一个五分钟。"朱尼博士认为：人们接触的第一个五分钟主要是交谈。在交谈中，你要对所接触的对象谈的任何事都感兴趣。无论他从事什么职业，讲什么语言，以什么样的方式，对他说的话都要耐心倾听。如果你这样做了，你会觉得整个世界充满无比的情趣，你将交到无数的朋友。

而许多人同陌生人说话都会感到拘谨。建议你先考虑一个问题，为什么你跟老朋友谈话不会感到困难？很简单，因为你们相当熟悉。相互了解的人在一起，就会感到自然协调。而对陌生人却一无所知，特别是进入了充满陌生人的环境，有些人甚至怀有不自在和恐惧的心理。你要设法把陌生人变成老朋友，首先要在心目中建立一种乐于与人交朋友的愿望，心里有这种要求，才能有行动。

　　以到一个陌生人家去拜访为例：如果有条件，首先应当对要拜访的客人做些了解，探知对方一些情况，关于他的职业、兴趣、性格之类。

　　当你走进陌生人住所时，你可凭借你的观察力，看看墙上挂的是什么？国画、摄影作品、乐器……都可以推断主人的兴趣所在，甚至室内某些物品都会牵引出一段故事。如果你把它当作一个线索，就可以由浅入深地了解主人心灵的某个侧面。当你抓到一些线索后，就不难找到开场白。

　　如果你不是要见一个陌生人，而是参加一个充满陌生人的聚会，观察也是必不可少的。你不妨先坐在一旁，耳听眼看，根据了解的情况，决定你可以接近的对象，一旦选定，不妨走上前去向他做自我介绍，特别对那些同你一样，在聚会中没有熟人的陌生者，你的主动行为是会受到欢迎的。

　　应当注意的是，有些人你虽然不喜欢，但必须学会与他们谈话。当然，人都有以自我兴趣为中心的习惯，如果你对自己不感兴趣的人不瞥一眼，一句话都不说，恐怕也不是件好事。别人会认为你很骄傲，甚至有些人会把这种冷落当作侮辱，从而产生隔阁。和自己不喜欢的人谈话时，第一要有礼貌；第二不要谈论有关双方私人的事，这是为了使双方自然地保持适当的距离，一旦你愿意和他结交，就要一步一步设法缩小这种距离，使双方容易接近。

在你决定和某个陌生人谈话时，不妨先介绍自己，给对方一个接近的线索，你不一定先介绍自己的姓名，因为这样人家可能会感到唐突。不妨先说说自己的工作单位，也可问问对方的工作单位。一般情况，你先说说自己的情况，人家也会相应告诉你他的有关情况。

接着，你可以问一些有关他本人的而又不属于秘密的问题。对方有一定年纪的，你可以向他问子女在哪里读书，也可以问问对方单位一般的业务情况。对方谈了之后，你也应该顺便谈谈自己的相应情况，才能达到交流的目的。

和陌生人谈话，要比对老朋友更加留心，因为你对他所知有限，更应当重视已经得到的任何线索。此外，他的声调、眼神和回答问题的方式，都可以揣摩一下，以决定下一步是否能纵深发展。

有人认为见面谈谈天气是无聊的事。其实，这要具体问题具体分析。如果一个人说："这几天的雨下得真好，否则田里的稻苗就旱死了。"而另一个则说："这几天的雨下得真糟，我们的旅行计划全给泡汤了。"你不是也可以从这两句话中分析两个人的兴趣、性格吗？退一步说，光是敷衍性的话，在熟人中意义不大，但对与陌生人的交往还是有作用的。

如遇到那种比你更羞怯的人，你更应该跟他先谈些无关紧要的事，让他心情放松，以激起他谈话的兴趣。和陌生人谈话的开场白结束之后，特别要注意话题的选择。那些容易引起争论的话题，要尽量避免，为此当你选择某种话题时，要特别留心对方的眼神和小动作，一发现对方厌倦、冷淡的情绪时，应立即转换话题。

在与人聚会时，常常会碰到请教姓名的事。你要牢牢记住对方的姓名，对方说出姓名之后，你应立即用这个名字来称呼他，当你碰到一个可能已经忘记了的人，你可以表示抱歉，"对不起，不知怎么称呼您？"也可以说半句"您是——""我们好像——"，意思是想请对方主动补充回答，如果对方老练他会自然地接下去。

顺利地与陌生人开始攀谈，给人一个好印象，积累人脉资源为你所用。学会和陌生人攀谈，谁都可能成为你的朋友。

微笑是赢得他人好感的法宝

微笑是人际交往的通行证，是打开每个心门的钥匙。在与人交流中，主动报以微笑能迅速拉近彼此心与心的距离，赢得他人好感。

飞机起飞前，一位乘客请求空姐给他倒一杯水服药。空姐很有礼貌地说："先生，为了您的安全，请稍等片刻，等飞机进入平稳飞行状态后，我会立刻把水给您送过来，好吗？"十五分钟后，飞机早已进入平稳飞行状态。突然，乘客服务铃急促地响了起来，空姐猛然意识到：糟了，由于太忙，忘记给那位乘客倒水了。空姐来到客舱，看见按响服务铃的果然是刚才那位乘客。她小心翼翼地把水送到那位乘客跟前，面带微笑地说："先生，实在对不起，由于我的疏忽，延误了您吃药的时间，我感到非常抱歉。"这位乘客抬起左手，指着手表说道："怎么回事，有你这样服务的吗？"无论她怎么解释，这位挑剔的乘客都不肯原谅她的疏忽。

在接下来的飞行途中，为了补偿自己的过失，每次去客舱为乘客服务时，空姐都会特意走到那位乘客面前，面带微笑地询问他是否需要帮助。然而，那位乘客余怒未消，摆出一副不合作的样子。

临到目的地前，那位乘客要求空姐把留言本给他送过去。很显然，他要投诉这名空姐。飞机安全降落。所有的乘客陆续离开后，空姐紧张极了，以为这下完了。没想到，她打开留言本，却惊奇地发现，那位乘客在留言本上写下的并不是投诉，相反却是一封热情洋溢的表扬信："在整个过程中，你表现出的真诚的歉意，特别是你的十二次微笑，深深打动了我，使我最终决定将投诉信写成表扬信。你的服务质量很高，下次如果有机会，我还将乘坐你们这趟航班。"空姐看完信，激动得热泪盈眶。

在人际交往中，我们要赢得他人的好感，必须要学会微笑，像故事中的那位空姐一样，用自己迷人的微笑来赢得他人的好感。微笑就像温暖人们心田的太阳，没有一块冰不会被融化。要带着真心、诚心、善心、爱心、关心、平常心、宽容心去微笑，别人就会感受到你的心意，被你这份心感动。微笑可以使你摆脱窘境，化解人们彼此的误会，可以体现你的自信和大度。

在现实生活中，微笑能化解一切冰冷的东西，容易获得他人的好感。比如朋友、同事之间的吵架、误解，家人、邻居之间的矛盾，恋人、兄弟之间的隔阂等，都可以一笑了之，一笑泯恩仇。所以人际交往中，不管是遇到什么困难，不管遇到多么尴尬的事情，要常常告诉自己要微笑，没有什么事情不能用微笑化解的，只要你是真心的！

俗话说，"伸手不打笑脸人"，微笑能够化解矛盾和尴尬，取得意想不到的效果。微笑是人与人之间最短的距离，纵使再远的时空阻隔，只要一个微笑就能拉近彼此的心灵距离。当别人取笑你时，用微笑还击他，笑他的无知；当对方愤怒时，用微笑融化他，他会知道自己是在无理取闹；当彼此发生误解、争执不休时，用微笑打破僵局，你会发现事情其实并没有你们想象的那么复杂和严重……

微笑是人际交往的通行证，没有一个人不喜欢和微笑的人打交道！

接触多一点儿，陌生自能变熟悉

俗话说："远亲不如近邻。"这是因为在生活中人们和自己的邻居总是"抬头不见低头见"，接触较多，而和自己的远亲一年里也难得见上几回面，甚至几年也难得见一回面，接触较少。在危难时刻，更是"远水救不了近火"，因此，人们对自己身边的"近邻"总是亲切有加，维持着良好的关系。

由此得之，在交际场上，要想迅速引起对方的注意，并进一步赢得对方的好感和信任，不妨选择做他的"近邻"，多和对方接触，缩短和对方之间的空间距离和心灵距离，从而拉近彼此的关系。

黎雪经营一家广告公司，她打听到国内一家知名企业打算为新产品做广告宣传，就努力争取这笔生意。但他们公司是家新公司，在业内没有什么名气，被拒绝了。

黎雪十分气馁，好友为了安慰她，特意邀请她前去自己的新居吃饭。到了楼下，她进了电梯，正要关电梯时，一个人急匆匆地赶了过来。黎雪不经意地看了那人一眼，暗暗惊喜。原来这人正是那家知名企业的宣传部主管，要是能和他拉拢关系，还是有望赢得这次机会的。更巧的是，这位主管居然和好友住对门，黎雪不由心生一计，主动和那位主管搭讪："你好，我是住在你家对门的黎雪，还请多多指教。"

随后，黎雪暂时住在了好友家里，经常制造电梯偶遇的机会。眼看时机成熟，黎雪选在某次那位主管单独进电梯时，刻意抱了一大堆的资料，急匆匆地跑进电梯。一不小心，资料洒了一地，都是黎雪公司精心制作的一些广告作品文本册。主管帮忙捡拾起来，并对这些广告作品十分感兴趣，打听是哪家广告公司的作品。黎雪一脸谦虚："这是我们公司的作品，做得不好，还请多多指教。"

不久，黎雪公司的广告策划案被那位主管推荐给公司，并最终被选中了。

黎雪正是懂得利用邻近心理，多次制造偶遇，增加和那位主管的接触，才能借机毛遂自荐，赢得那笔生意。

在交际应酬中，要想赢得别人的好感和信任，就得让别人注意到你，在彼此频繁的接触中由陌生变熟识。一般来说，接触次数越多，心理上的距离越近，越容易建立友谊，赢得好人缘也指日可待。

寻找与陌生人的共同兴趣，激发对方的情绪

事前规划，可事半功倍。与陌生人交往之前，要尽量对对方的职业、性格、兴趣等有一个比较全面的了解，这样在交往过程中你就能做到有的放矢。

清末，在大太监李莲英的保荐下，盛宣怀才受到权势显赫的醇亲王的接见，详细汇报有关电报的事宜。盛宣怀以前没有见过醇亲王，但与醇亲王的门客张师爷过从甚密，从他那里了解到了醇亲王两个方面的情况。

第一，醇亲王跟恭亲王不同，恭亲王认为中国要跟西洋学，醇亲王则不认为中国人比洋人差，自己的一套才是最好的。

第二，醇亲王虽然好武，但自认为书读得不少，颇具文

人风范。

　　盛宣怀了解到这些情况后，就到身为帝师的工部尚书翁同龢那里抄了些醇亲王的诗稿，背熟了好几首，以备不时之需。"文如其人"这句话一点都不错，盛宣怀还从醇亲王的诗中悟出了些醇亲王的心思。谒见之时，当他们谈到电报这一名词的时候，醇亲王问："那电报到底是怎么回事？""回王爷的话，电报本身并没有什么了不起，就是一个活用，所谓'运用之妙，存乎一心'，如此而已。"醇亲王听他能引用岳武穆的话，不免有所欢喜，随即问道："你也读兵书？""在王爷面前，怎么敢说读过兵书？不过英法内犯，皇帝大臣人人忧国忧民，那时如果不是王爷神武，力擒三凶，大局真不堪设想了。"盛宣怀略停了一下又说："那时有血气的人，谁不想洗雪国耻，宣怀也就是在那时候，自不量力，看过一两部兵书。"盛宣怀真是三句话不离醇亲王的"本行"，他接着又把电报的作用描绘得神乎其神，醇亲王也觉得飘飘然，觉得中国非办电报不可。后来醇亲王干脆把督办电报业的事托付给盛宣怀。

　　从上面这个例子我们明白，当你要特意去结识一位陌生人时，一定要多加准备，将其当成你人生中的一个重要经历。你可以通过多种渠道事先了解对方的背景、经历、性格、喜恶，在对对方基本情况了如指掌的前提下，还要设想有可能出现的变故，做好以不变应万变的心理准备。求同存异，在交往中要尽力寻找双方在兴趣喜好等方面的共同点，以加深彼此交流。

　　"酒逢知己千杯少"，两个意气相投的人碰到一起，往往能产生相见恨晚的感觉，双方日后的交往也会变得如鱼得水。

无米难成炊，没话题找话题

俗话说"巧妇难为无米之炊"，没有话题，谈话就没有焦点。光是空说话，没有实际意思，那陌生人终究还是陌生人，陌生的局面终究是化不开。

和陌生人说话最苦于找不到话题。怎样巧找话题呢？那就要从具体情况出发去考虑，如果彼此完全陌生尚未相识，那就要察言观色，以话试探，寻求共同点，抓住了共同点就抓住了可谈的话题。如果是因为话不投机，出现难题，那就要求同存异，或是检讨自己的不妥之处，表示歉意，如果对方有什么顾虑，或是沉默的原因不明，那就没话找话说，随便找个话题，引起对方的兴趣，说个笑话，谈点趣闻都可以活跃气氛。

从具体情况出发，可以选择采取下面的方法。

1. 你想了解什么就问什么、谈什么

与陌生人交谈，一般都可以先提一些"投石"式的问题，在略有了解后再有目的地交谈，便能谈得较为自如。如在商业宴会上，见到陌生的邻座，便可先"投石"询问："您是主人的老同学呢，还是老同事？"无论问话的前半句对，还是后半句对，都可循着对的一方面交谈下去；如果问得都不对，对方回答说是"老乡"，那也可谈下去。假如是北京老乡，你可和他谈天安门、故

宫、长城，谈北京的新变化；如果是福建老乡，你可与他谈荔枝、龙眼、橘子、沿海的水产等，从而开始你与他的交谈，也许他将来就是你事业上的合作伙伴呢！

2. 就社会热点问题进行交谈

陌生的双方刚一接触，纯属个人生活的事情不宜多谈，但可以对时下人所共知的社会现象、热点问题谈谈看法。如果对方对这一问题还不太清楚，你可以稍作介绍。例如，近期影响较大的社会新闻、电影、电视剧和报刊文章等，都可以作为谈话的题目。

3. 从眼前和身边的具体景物上找话题

（1）从双方的工作内容寻找。相同的职业容易引起共鸣，不同的职业则具有新奇感和吸引力。

（2）从彼此的经历中寻找。经历是学问，亲身经历过的人和事往往会给你留下极深的印象。这种交流最易敞开心扉，最易见到真情。

（3）从双方的发展方向寻找。人人都关心的自己的未来、前途与命运是长盛不衰的永恒的话题。人生若没有前进的方向，生活便失去了动力。这类话题最易触动对方敏感的神经。尤其是异性，更热衷于此。

（4）注意家庭状况。谈家庭生活并不一定就是俗气，家庭是社会的细胞，家庭生活的完美、和谐是每个人的理想。这类话题不必做准备，随时都可以谈论，但有思想的人都可以从中发现许多人生的哲理。

（5）关注子女教育。孩子是父母生活的希望，孩子的教育牵动亿万家长的心。怜子、爱子、望子成龙是家长的共同心理。谈及孩子，即使是性格内向的人，也会眉飞色舞、滔滔不绝。

有的时候如果是预约式地拜访某陌生人，那你最好具备一些洞察力。你首先应当对那位你即将拜访的客人做些了解。例如，问一些你们双方都认识的朋友，打听一下对方的情况，关于他的职业、兴趣、性格之类，了解得越详细越好。

当你走进陌生人的住所时，可以凭借你的观察力，看看能否能找到一些了解对方性格的线索。墙上挂的是哪位画家的画？如果是摄影作品，能否揣测对方是摄影爱好者呢？

要知道，屋内的装饰摆设，可以表现主人的喜好和情调，甚至有些物品会引出某段动人的故事。如果你把它当作一个线索，不就可以了解主人心灵的某个侧面吗？了解了对方的一些个性，不就有话题了吗？

交谈前，使用多种手段，尽可能地多了解对方，再把所获得的种种细微信息分析研究，由小见大，由微见著，作为交谈的基础。

讲话务必看清对象，从他的兴趣爱好、个性特点、文化水平、心情处境等入手。陌生人之间只要做到这一点，就能由细微处见品性。

亲和力让你和别人一见如故

亲和力是一种难得的个人魅力，它能唤起人们的热爱之情，并使人们愿意与之交往。

林肯，这位美国历史上最伟大的总统之一，他的品行已成为后世的楷模，他是一位以亲切、宽容、悲天悯人著称的杰出领袖。而这一切成就，都与他的亲和力密不可分。

在林肯的故居里，挂着他的两张画像，一张有胡子，一张没有胡子。在画像旁边的墙上贴着一张纸，上面歪歪扭扭地写着：

亲爱的先生：

我是一个11岁的小女孩，非常希望您能当选美国总统，因此请您不要见怪我给您这样一位伟人写这封信。

如果您有一个和我一样的女儿，就请您代我向她问好。要是您不能给我回信，就请她给我写吧。我有四个哥哥，他们中有两个人已决定投您的票。如果您能把胡子留起来，我就能让另外两个哥哥也选您。您的脸太瘦了，如果留起胡子就会更好看。所有女人都喜欢胡子，那时她们也会让她们的丈夫投您的票。这样，您一定会当选总统。

格雷西

1860年10月15日

在收到小格雷西的信后，林肯立即回了一封信。

我亲爱的小妹妹：

收到你 15 日前的来信，非常高兴。我很难过，因为我没有女儿。我有三个儿子，一个 17 岁，一个 9 岁，一个 7 岁。我的家庭就是由他们和他们的妈妈组成的。关于胡子，我从来没有留过，如果我从现在起留胡子，你认为人们会不会觉得有点可笑？

忠实地祝福你的亚·林肯

次年 2 月，当选的林肯在前往白宫就职途中，特地在小女孩的小城韦斯特菲尔德车站停了下来。他对欢迎的人群说，"这里有我的一个小朋友，我的胡子就是为她留的。如果她在这儿，我要和她谈谈。她叫格雷西。"这时，小格雷西跑到林肯面前，林肯把她抱了起来，亲吻她的面颊。小格雷西高兴地抚摸他又浓又密的胡子。林肯笑着对她说："你看，我让它为你长出来了。"

这就是林肯的亲和力。亲和力让人萌发亲近的愿望，亲和力使得即使是陌生人也会一见如故。人们总是喜爱与谦和、温良的人交往，而不会心甘情愿地将自己置于一个威严的人之下。

如何具有令人着迷的亲和力？这是芸芸众生所共求的一个目标。对此，千言万语只有一个关键，那就是对别人要有发自内心的兴趣。

社会上有许许多多的人，明显缺乏的便是这种对人的兴趣。其原因大多是他们在应酬人际关系的人生舞台上既不具备天生的人格魅力，又不去努力。

我们应当建立起对别人真诚的兴趣,明白我们应该怎么做,不能做什么,友好与人相处,就能发挥我们健全人格的威力,成为具有魅力的赢家。

对于你所欲左右的人,对于希望与你合作的人,对于你人脉圈子中的所有人,你务必获得他们的敬爱。而获得他们的敬爱,全凭你人格的魅力。要知道,一个浑身上下透出亲和力的人,与一个整天板着脸的严肃的人相比,绝大多数的人都会选择前者作为自己的交往对象。

打消对方疑心,让他知道你可信

在消除对方疑虑取得信任的过程中,好态度是一个不容忽视的重要因素。下面我们一起来看看卡耐基在这方面的亲身经历。

有一次,卡耐基受一家公司委托,请求某位学者帮忙。起初工作进展得好像很顺利,但是不久之后,公司的负责人给他打来了一个令人不解的电话,说不知道为什么,学者的态度突然变了,弄不好会拒绝工作。卡耐基对他采取了各种方法,仍无济于事。即使是允诺改善工作报酬、放宽日期也未能打动他的心。

卡耐基想总得见他一面,听听情况。于是,当天晚上,他陪公司负责人拜访了那位学者。在学者家里,卡耐基听到学者说的话之后感到非常意外,他提到担心公司方面是否能履行有关合同，和公司配合得不够默契，等等。

卡耐基知道在这种情况下说服也是不起作用的，因此在回家的途中，他向与他同路的公司负责人建议说："我不知道究竟是什么原因造成了这样的结果，也许是一些不重要的小事引起了他对公司的不信任，现在说服他是没有用的。为了打破僵局，你应该尽快向对方表示出公司的诚意和热情。"

第二天早上天刚亮，公司负责人就兴高采烈地给卡耐基打电话说："先生，他又愿意接受工作了。"原来，那天夜里他们分手以后，他又回到学者家附近，在那里拦了一辆出租车，等待着次日要搭第一趟火车去旅行的学者，并把他送到了火车站。他又说："我一直祈祷着学者能乘坐我准备好的出租车，因为他坐不坐这辆车是事情能否成功的关键。"听他这么一说，卡耐基认为那位学者的不信任感也该冰消瓦解了。

这件事只不过是卡耐基的一点点经历，相信很多人也可能被对方这样拒绝过。不难看出，卡耐基之所以会感到那位学者拒绝工作的原因可能来自对公司的不信任感，也可能是从他的言行中发现了具有不信任感的人所具有的特征。

如果对人不信任，通常就会产生强烈的疑心。因此，一般人认为不是什么大问题的事情他却会觉得非常严重。例如，反复叮咛对方要守约、保守秘密、互相尊重人格等这些做人最基本的原则，或是将互相信任的人之间用来开玩笑的事情，视为了不得的大问题。

同时，若是担心自己不知何时被不信任的对方所"出卖"，也会表现出拒绝对方接近的态度。例如，说话带刺，或是你说一句，他却反驳两三句。不过，这些表现尚属初期的症状，一个怀有根深蒂固的不信任感的人，或认为反驳对方也无济于事的人，往往会采取没有反应、装作没听见或爱理不理的拒绝方式。尽管他与你对面而坐，往往表示出与所谓敞开胸襟的态度完全相反的别扭态度。有时虽然自己不开口，却想窥测你心中的细微变化。因此，眼神中会充满冷漠的寒光或将视线移向别处。

还需要注意的是，如果发现对方持有不信任感，对他使用了不适应他心理的交流方法，反而会加深对方的心理屏障。因此，首先要搞清楚对方产生不信任感的原因，然后再根据它发展下去的心理结构找出对策，进行进一步的交流往来。

第八章

别人不说你一定要懂的"人情"绝学：

让对方"不好意思"拒绝

平时冷庙烧香，急时才能抱佛脚

在社会中会公关、会应酬的人，其高明之处在于他们不仅注重给热庙烧香，而且也非常注意给冷庙的菩萨上香。

有一人，在他位高权重时，他家里的客人可以说是川流不息、络绎不绝。可是，有一天，他突然成了落难英雄，家里清静得一个月不见几人，这时他真正感觉到了"世态炎凉"这四个字的含义。正当他觉得人生失去意义时，一个平时没什么走动的朋友却拿着东西来看望他，给他安慰和开导。在这个朋友的帮助下，他开始着手建立自己的公司。经过他的努力，公司越做越大，甚至收购了一家规模很大的公司。

这时候，往日的朋友看他又重新站了起来，就又开始到他家串门、送礼，希望能在他公司谋个好职位。然而他对这些人已没有太多的言语。他在等待那个在他最低迷时帮助他的朋友。可是，他却只接到过这个朋友的一通祝福的电话。于是，他决定亲自去请他的那位朋友，让他作为公司的副手，与自己一起管理公司。

生活中，无论做什么事情，遇到什么人，不妨灵活点，经常帮别人一把，别人也会牢记在心，当你有事时，自然对你报之以恩。

真正灵活的人，一定会注意多去冷庙烧香。平时多烧香，用时才灵光。但不是所有的"冷庙"都要去烧香，而是要挑有发展潜力的"冷庙"去烧。

弱势时打情感牌，更容易被认可

正所谓"以情动人"，"情"最能开启人的心扉，真正唤起别人的共鸣和认同。现实世界里，聪明的人往往善于打"情感"之牌，尤其在弱势的时候，这样更容易被他人认可、得到帮助。

曹丕和曹植都是曹操的儿子，均能辞赋。在文学史上，父子三人合称"三曹"。曹操被汉献帝封为魏王后，在诸子中选立自己的继承人。长子曹丕和次子曹植都想方设法争宠于曹操。

曹植能文能武，胸有大志，才思敏捷，比曹丕有过之而无不及。曹操筑铜雀台，率诸子登台，令他们各自作赋。曹植当时年仅十九岁，援笔立成，文辞通达耐读，曹操很是惊异。每当曹操问及军国大事，他都能应声而答，因而备受曹操的宠爱。当时曹操身边有名的谋士杨修、丁仪、贾适、王凌等人，都倾向于立曹植为太子，并为曹植应付曹操的考察出谋划策，使曹操认为曹植比曹丕更有能力。

长子曹丕也与一帮亲信官吏积极谋划。他虽然文才不如曹植，但在政治斗争经验上却胜曹植一筹。他笼络的都是些明于政略而且在朝中掌握实权的官僚人士。出于打击曹植的目的，曹丕经常派人探听弟弟的活动，并收买曹植府中的下人，让他们到曹操那里告密，使曹操知道了杨修等人为曹植出谋划策的事情，这引起了曹操的疑心。

面对曹植争立的威胁，曹丕问深有谋略的太中大夫贾诩，如何才能巩固自己的地位。贾诩说，要宽厚仁德，奉行仁人志士简约勤勉的精神，朝夕孜孜业业，不要违背做长子的规矩。曹丕听了他的话，时时注意修养，深自砥砺，使曹操对他的印象越来越好。

有一次，曹操要率大军出征，曹丕与曹植都前去送行。临别时，曹植作了一篇洋洋洒洒的散文，极力称颂父王功德，并当众朗诵得声情并茂，使得曹操和他的左右文武大臣万分高兴。曹植也因此受到众人的夸奖。曹丕怅然若失。这时，他的谋士吴质悄悄建议他做出流涕伤怀的样子。等到曹操出发时，曹丕什么话也不说，只是泪流满面，趴在地上，悲伤不已，表示为父王将要出生入死而担忧。他一边哭着一边跪拜，祝愿父王与将士平安。曹操及左右将士都大为叹息。

这样一来，形势大转。俗话说，"不怕不识货，就怕货比货"，曹操和左右大臣都认为曹植虽能说会道，但华而不实，论心地诚实仁厚远不如曹丕。一番考察和鉴别之后，曹操最终把曹丕定为太子。

说到像曹丕这样以"情饰"取胜，再拿当今的营销来说，情感服务非常盛行。商家通过情感包装、情感促销、情感广告、情感口碑、情感设计等策略来实现企业的经营目标，使"情"的投射穿过消费者的情感障碍，让消费者受到强烈感染或冲击，从而激发消费者潜在的朦胧的购买意识。例如，孔府家酒先后以王姬"孔府家酒，叫人想家"、刘欢的"千万里，千万里，我回到了家……"打响全国，贵州青酒厂也请香港明星刘青云以一句"喝杯青酒，交个朋友"为情感广告的全部诉求点，颇受消费者的青睐。

那么，想得到别人的认可或帮助，尤其在自己弱势的时候，你不妨使用眼泪等"情饰"的策略，这样往往会赢得很多人的关心，从而赢得更多人脉。

善待落难者，赢得他人的钦佩

俗话说："三十年河东，三十年河西。"人们自然喜欢结交现在看来就很有价值的朋友，但是，面对落难的人，真正道德高尚的人绝对不会置之不理！

晋代一个名叫荀巨伯的人，得知朋友生病卧床，便前去探望。不料正赶上敌军攻破城池，烧杀掳掠无恶不作，百姓们纷纷携妻挈子，四散逃难。朋友劝荀巨伯说："你赶快逃命去吧，我重病在身，根本逃不了，更何况我自知已活不长了，跟着你只能拖累你，你赶快离开这里吧！"

荀巨伯并不是贪生怕死之辈，他对朋友说："我怎么能弃你于不顾呢？你把我看成什么人了？我不辞山高路远来此地就是为了照顾你。现在，敌军进城，你重病在身，我更不能扔下你不管。"说完转身到厨房给朋友熬药去了。

朋友语重心长地劝了半天，让他快些逃走，可荀巨伯却端药倒水跟没听见一样，他反倒安慰朋友说："你就安心养病吧！不要管我，我不会有事的，我在这里你还有个照应，最起码天塌下来我还能替你顶着！"

这时只听"砰"的一声，门被敌军踢开了，冲进来几个凶神恶煞的士兵，冲着他们大喊大叫道："你们是什么人？好大的胆子还敢在这里逗留，你们难道不怕死吗？"

荀巨伯站起身，从容地走到士兵跟前，指着躺在床上的朋友说："我的朋友病得很厉害，根本无法下地行走，我怎么可以丢下他独自逃命？请你们快快离开这里吧，别吓坏了我的朋友，如果你们有什么事尽管找我好了。如果要死，我可以替他死，对此我绝不会皱一下眉头。"原本面露凶相的士兵，对荀巨伯大义凛然的一番说辞和那无畏的态度很是钦佩，语气较先前缓和了许多说："没想到这里还有品格如此高尚的人，这样的人咱们怎么好迫害呢？走吧！"说着，敌军就走了。

可见，一个懂得善待自己落魄朋友的人，不仅赢得了朋友的真心，而且还为自己赢得了生机和他人的钦佩，真的是好人有好报啊。可是现实中的不少人总是可以敏感地觉察到自己的苦处，却对别人的痛处缺乏了解。他们不了解别人的需要，更不会花工夫去了解；有的甚至知道了却佯装不知，大概是没有切身之苦、切肤之痛吧！

虽然很少有人能做到"人饥己饥，人溺己溺"的境界，但我们至少可以随时体察一下暂时不得势的人的需要，时刻关心他们，帮助他们脱离困境，当他们遭到挫折而沮丧时，你应该给予鼓励。这样不但维系了友情，而且一旦那位落魄朋友时来运转的话，你当初的那份温情就会显得弥足珍贵，如果日后你需要帮助的话，定然会得到转势之友的大力相助，这也许就是"冷庙烧香"的好处吧。

从一定意义上说，对待落魄、失势者的态度不仅是对一个人交际品质的考验，而且也是建立良好人际关系的契机。世事沧桑，复杂多变，起起伏伏，实难预料。昨天的权贵，今天可能成为平民；路边乞丐，一夜之间也可能平步青云……

从人生的角度来看，人们不可能一帆风顺，挫折、背运是难免的。当人们落难的时候，正是对周围的人们，特别是对朋友的考验。远离而去的人可能从此成为路人，同情、帮助他渡过难关的人，他可能铭记一辈子。所谓莫逆之交、患难朋友，往往就是在困难时期产生的，这时形成的友谊是最有价值，最令人珍视的。

经常性地投资"人情生意"

人是感性动物，当然都难逃脱"人情债"。尽管在社会上素来有"认钱不认人"之说，但是成功人士都善于投资"人情生意"，让别人欠下他一笔永远也偿还不了的人情债。

所谓人情投资，就是能够在人情世故上多一份关心，多一份相助。俗话说得好，在家靠父母，在外靠朋友。在社会上生存就得学会做"人情生意"。

李先生是杭州一家笔庄的老板。1989年在杭州创业时，他在经济上十分窘迫。即使如此，他也没有放弃，而是经常出没于杭州的各个画廊、美术院校，只要有机会就给别人看他的笔。

一天，李先生在一个画廊里遇见了一家画院的院长。李先生看院长气度不凡，就拿出一支上好的鸡毛笔要送给院长，院长看后感到很惊讶。这次巧遇使院长对他的笔产生了浓厚的兴趣，以笔会友，两个人在研究笔的过程中结下了深厚的友谊。为了让更多的人了解他的笔，院长决定帮他开一个笔会，并免费提供场地。通过笔会，李先生认识了画院的更多的朋友，时间久了，李先生的笔庄在杭州渐渐闯出了名气。

不久后，李先生将他的笔庄开在一个冷清的文化用品市场二楼的拐角里，气氛虽然冷清，但李先生却有他的目的。喜欢毛笔的人都是一些文人，不喜欢很热闹的地方，书法家、画家来这一看就会觉得比较高雅，地方也比较宽敞。

如今，李先生已经拥有两个笔庄、一家工厂，每年制作销售毛笔四五万支，正走在成功的创业路上。

其实，做生意投资人情，谈的就是一个"缘"字，彼此能够一拍即合。要保持长期的相互信任、相互关照的关系也不那么容易，成功的人仍然需要不断进行"感情投资"。相互最仇视的对手，往往原先是最亲密的伙伴。反目成仇的原因，恐怕谁也说不清，留下的都是互相指责和怨恨。走到这一步是一些人忽略了投资"人情生意"的结果，甚至已经忘掉了这一点。

投资"人情生意"应该是经常性的。在商务交际中不可没有，在其他任何时候、任何地点都不能没有。人情如同人际关系中的"盐"，缺之一切都会淡然无味。一个有头脑的人应该懂得把人情生意做得恰到好处，这样才能在恰当的时候让人情变为你成功的捷径。

关键时刻拉人一把，悄悄地把人情送出去

"患难之交才是真朋友"，这话大家都不陌生。人的一生不可能一帆风顺，难免会碰到失利受挫或面临困境的情况，这时候最需要的就是别人的帮助。一旦这个时候你伸手相助，便将让对方记忆一生，日后对方会对你加倍报答。所以，关键时刻拉别人一把，等于为自己的人情账户存入一笔巨款。

德皇威廉一世在第一次世界大战结束时，众叛亲离。他只好逃到荷兰，许多人对他恨之入骨。这时候，有个小男孩写了一封简短但流露真情的信，表达他对德皇的敬仰。这个

小男孩在信中说，不管别人怎么想，他将永远尊敬威廉一世为皇帝。德皇深深地为这封信所感动，于是邀请他到皇宫来。这个男孩接受了邀请，由他母亲带着一同前往，他的母亲后来嫁给了德皇。

人情储蓄，不仅仅是在欢歌笑语中和睦相处，更是要在困难挫折中互相提携。有的人在无忧无虑的日常生活中，还能够和朋友嘻嘻哈哈地相处，一旦朋友遇到困难，遭到了不幸，他们就冷落疏远了朋友，友谊也就烟消云散了。这种只能共欢乐不能同患难的人，不仅是无情的，更是愚蠢的。因为他们的自私，会让自己的人情储蓄为零，会让自己日后的人际关系道路越走越窄。

所以，当朋友遇到了困难的时候，我们应该伸出援助的双手。当朋友生活上艰窘困顿时，要尽自己的能力，解囊相助。对身处困难之中的朋友来说，实际的帮助比甜言蜜语强一百倍，只有设身处地地急朋友所急，想朋友所想，才体现出友谊的可贵，让这份交情细水长流。

当朋友遭遇不幸的时候，如病残、失去亲人、失恋等，我们要用关怀去温暖朋友那冰冷的心，用同情去安抚朋友身上的创伤，用劝慰去平息朋友胸中冲动的岩浆，用理智去拨散朋友眼前绝望的雾障。

当朋友犯了错误的时候，我们应该表示理解并尽可能地给予帮助。一般来说，朋友犯了错误，自己感到羞愧，脸上无光。有些人常担心继续与犯了错误的朋友相交会连累自己，因此而离开这些朋友，其实这种自私的行为很不可取。真正的朋友有福不一定同享，但有难必定上前同担。

当朋友遭到打击、被孤立的时候，我们应该伸出友谊的双手，去鼓励对方，支持对方。如果在朋友遭到歪风邪气打击的时候，我们为了讨好多数人而保持沉默，或者反戈一击，那我们就成了友谊的可耻叛徒。正如巴尔扎克的《赛查·皮罗多盛衰记》中所说的："一个人倒霉至少有这么一点好处，可以认清楚谁是真正的朋友。"一个好朋友常常是在逆境中得到的。假如朋友在遭到打击、被孤立的时候，你能够理解他、支持他，坚决同他站在一起，那么他一定会把你视为一生的挚友，会为找到一个真正的朋友感到高兴。更重要的是，将来某一天如果你需要他的帮助，甚至你有难时没有向他求助，他都会心甘情愿地为你两肋插刀。

总之，人情的赢得往往在关键的时刻，即别人处于困顿的时刻。只要你在关键时刻伸手拉他一把，你就获得了他的好感，为日后储蓄了一笔人情资金。

互惠，让他知道这样做对他有利

一位心理学教授做过一个小小的实验：

　　他在一群素不相识的人中随机抽样，给挑选出来的人寄去了圣诞卡片。虽然他也估计会有一些回音，但却没有想到大部分收到卡片的人，都给他回了一张。而其实他们都不认识他啊！

给他回赠卡片的人，根本就没有想到过打听一下这个陌生的教授到底是谁。他们收到卡片，自动就回赠了一张。也许他们想，可能自己忘了这个教授是谁了，或者这个教授有什么原因才给自己寄卡片。不管怎样，自己不能欠人家的情，给人家回寄一张，总是没有错的。

这个实验虽小，却证明了互惠在心理学中的作用。它是人类社会永恒的法则，是各种交易和交往得以存在的基础，我们应该尽量以相同的方式回报他人为我们所做的一切。

如果一个人帮了我们一次忙，我们也应该帮他一次；如果一个人送了我们一件生日礼物，我们也应该记住他的生日，届时也给他买一件礼品；如果一对夫妇邀请我们参加了一个聚会，我们也一定要记得邀请他们到我们的一个聚会上来。

由于互惠的影响，我们感到自己有义务在将来回报我们收到的恩惠、礼物、邀请等。人与人之间的互动，就如坐跷跷板一样，不能永远固定某一端高、另一端低，就是要高低交替，一个永远不肯吃亏、不肯让步、不与别人互惠的人，即使真正赢了，讨到了不少好处，从长远来看，他也一定是输家，因为没有人愿意和他玩下去了。

中国古代讲究礼尚往来，也是互惠的表现。这似乎是人类社会不成文的规则。

一个人向朋友请教一件事，两人聚会吃饭，那么账单就理所当然应由请教人的这个人付，因为他是有求于人的一方。如果他不懂这个道理，反而让对方付，就很不得体。

在不是很熟悉的朋友之间，你求别人办事，如果没有及时地回报，下一次又求人家，就显得不太自然。因为人家会怀疑你是否有回报的意识，是否感激他对你的付出。及时地回报，可以表明自己是知恩图报的人，有利于相互之间继续交往。

而且如果不及时回报，会给你带来一些麻烦。你一直欠着这个情，如果对方突然有一件事反过来求你，而你又觉得不太好办的话，就很难拒绝了。俗话说："受人一饭，听人使唤。"可以说，为了保持一定的自由，你最好不要欠人情债。

当然，在关系很亲密的朋友之间，就不一定要马上回报，那样可能反而显得生疏。但也不等于不回报，只是时间可能拖得长一些，或有了机会再回报。

朋友间维护友谊遵循着互惠定律，爱情之间也是如此。其实世上没有绝对无私奉献的爱情，不像歌里和诗里表现的那样。爱情也是讲求互惠互利的，双方需要保持一个利益的平衡。如果平衡被严重打破，就可能导致关系破裂。

收获人情，借不如送

当亲戚朋友向你借钱或某些物品时，是借还是不借呢？这是现代人所常常要遇到的问题，钱只要离开自己的口袋，就有回不来的可能；东西一旦借出去，既可能被对方用坏、弄丢，也可能是被对方一直用着，尤其是把财物借给自己的亲人或是朋友，上述情况就更可能发生了。

这个时候，与其整日盘算着如何把财物要回来，不如放宽心，把财物送给他们。这样，虽然在财物上蒙受损失，却收获了人情。

事实上，很多人碰到他人向自己借财物的问题时都很困扰，因为借他财物，有可能就要不回来了，或是一再拖延，到最后历经坎坷才拿回来，或只拿回一小部分。如果时间一到便去催债，好像自己太没人情味，何况也没勇气开口，更怕一开口，就伤了彼此的感情。不借，自己的财物固然是"保住"了，但他们有难，不出手帮忙，道义上似乎也说不过去，也担心二人的感情恐怕从此要变质了。

聪明人的做法是：给他财物，而不是借他财物。

所谓"给他财物"有两个层面的意义。

第一个是表面上是借给他，也言明归还期限和利息多少，但在心理上却抱着这些财物是"一去不回头"的想法，他能还就还，不能还就当作"送给"他的。这种态度很阿Q，但却有很多好处。第一个好处是不会影响两人的感情，你也不会因为对方还不起钱或不还物品而难过；第二个好处是顾到了朋友间有难相助的道义；第三个好处是在对方心中播下一粒恩与义的种子，这粒种子或许会发芽、茁壮，在他日以"果实"对你做最真诚的回报。

第二个层面的意义是真的给他财物。也就是说，他虽然是向你借用的，但你表明是给他的，是要帮他解决困难的，并不希望他一定还。这样子做也有很多好处。第一个好处是他不大可能再来向你借，而你也可表示"我已竭尽所能"，如将对方开口的数目打折给他，万一对方真的还不起钱，或根本不还钱，你则可以降低损失。第二、第三个好处和前面那种一样，兼顾了情与义，同时也在对方心中种了一粒恩与义的种子，而这人情，他总是要担的。

事实上，不管是借还是给，财物能不能收回来都是个未知数。之所以说"给亲戚、朋友财物，财物收得回来；借他们财物，财物收不回来"，是基于财物只要离开你的名下，就有回不来的可能，因为对方是没有钱或缺少某些东西才向你开口的，所以明知有可能回不来，干脆就不抱希望，免得催债时给双方造成不愉快，自己也难过。

如果借或给都觉得很难，那么就狠心拒绝吧！不过，在力所能及的情况下还是不要那么斤斤计较，因为财物毕竟不等同于幸福，人生的真正幸福和欢乐是浸透在亲密无间的家庭关系及友情中的。

主动吃亏，让对方不得不还你人情

如今，很多人都认为"无论做什么，尽量别吃亏。"其实，吃亏并非都是坏事。有些时候，糊涂处世，主动吃亏，山不转水转，也许以后还有合作的机会，又走到一起。若一个人处处不肯吃亏，则处处必想占便宜，于是，妄想日生，骄心日盛。而一个人一旦有了骄狂的态势，难免会侵害别人的利益，于是便起纷争，在四面楚歌之中，又焉有不败之理？

"吃亏"也许只是指物质上的损失，但是一个人的幸福与否，却往往是取决于他的心境如何。如果我们用外在的东西，换来了心灵上的平和，那无疑是获得了人生的幸福，这便是值得的。

不少好朋友，抑或事业上的合作伙伴，由于种种原因，后来反目成仇了，双方都搞得很不开心，结果是大打出手。

有这样一个人，他与朋友合伙做生意，几年后一笔生意让他们将所赚的钱又赔了进去，剩下的是一些值不了多少钱的设备。他对朋友说，全归你吧，你想怎么处理就怎么处理。留下这句话后，他就与朋友分手了。显得多有风度，没有相互埋怨，这叫"好合好散"。生意没了，人情还在。他就是李嘉诚的儿子——李泽楷。

有人问李泽楷："你父亲教了你一些怎样成功赚钱的秘诀吗？"李泽楷说，赚钱的方法他父亲什么也没有教，只教了他一些为人的道理。李嘉诚曾经这样跟李泽楷说，他和别人合作，假如他拿七分合理，八分也可以，那么拿六分就可以了。

李嘉诚的意思是，吃亏可以争取更多人愿意与自己合作。想想看，虽然他只拿了六分，但现在多了一百个合作人，他现在能拿多少个六分？假如拿八分的话，一百个人会变成五个人，结果是亏是赚可想而知。

李嘉诚一生与很多人进行过或长期或短期的合作，分手的时候，他总是愿意自己少分一点钱。如果生意做得不理想，他就什么也不要了，愿意吃亏。这是种风度，是种气量，也正是这种风度和气量，才有人乐于与他合作，他也才越做越大。所以李嘉诚的成功更得力于他恰到好处的处世交友经验。

很多时候，吃亏是一种福，是智者的智慧。不管你是做老板也好，还是做合作伙伴也罢，你主动吃亏，而旁边的人接受了你的"谦让"，他不仅会一心一意与你合作，跟着你干，还会因为充满感激之情，不断寻找机会还你人情。

曾经有一个砂石老板，没有文化，也没有背景，但生意却出奇的好，而且历经多年，长盛不衰。说起来他的秘诀也很简单，就是与每个合作者分利的时候，他故意只拿小头，把大头让给对方。如此一来，凡是与他合作过一次的人，都愿意与他继续合作，而且还会因为感激介绍一些朋友，再扩大到朋友的朋友，也都成了他的客户。人人都说他好，因为他只拿小头，但所有人的小头集中起来，就成了最大的大头，他才是真正的赢家。

不过，"吃亏是福"不能只当套话来理解，应在关键时候有敢于吃亏的气量，这不仅体现你大度的胸怀，同时也是做大事业的必要素质。把关键时候的亏吃得淋漓尽致，才是真正的赢家。

现实生活中，不要因为吃一点亏而斤斤计较，开始时吃点亏，实为以后的不吃亏打基础，不计较眼前的得失是为了着眼于更大的目标。那些没有"手腕"的人，都怕便宜了别人，可吃亏的却往往是自己。

人非圣贤，谁都无法抛开七情六欲，但是，要成就大业出人头地，就要学会适度糊涂，就得分清轻重缓急，该舍的就得忍痛割爱，该忍的就得从长计议。正所谓"吃人嘴短，拿人手软"，主动让别人占便宜，你就等于给对方放了一份人情债，那么他对你日后的请求也就不好拒绝了，甚至你无须请求他都会主动来帮助你。

把"双赢牌"蛋糕做大，让别人欠你人情

三人打牌，虽然互为对手，但假若两方合作也能赢牌，出牌时不如就让对方一分，对方才可能在关键的时候，让你一分，使双方获益。正如作家刘墉所说："合作失败的人常拆伙，因为彼此责难。合作成功的人，也常拆伙，因为各自居功。直到拆伙之后，发现势单力薄，再回头合作，关系才变得比较稳固。"

随着科学技术向纵深方向发展，社会分工越来越精细，人通常难以成为全能型的人物，因此就需要与他人合作，并在合作中寻求取胜之道。

很久以前，有一个有钱的员外，他有五个心不齐的儿子。他们做事的时候都自己管自己，从来不互相帮助。

后来，老员外得了重病，临死之前，他把五个儿子叫到床前，又叫人拿来一大把筷子，分给五个儿子。他分给老二、老三、老四、老五每人一根筷子，把剩下的一大把筷子都给了老大，然后说："你们把手上的筷子都折断吧！"老二、老三、老四、老五没费多少力气就折断了筷子，老大使

出了全身的力气，都没把筷子折断。老员外说："你们看，一根筷子很容易被人折断，一把筷子就不容易被人折断了。如果你们不齐心合力，就会像一根筷子一样很容易被人折断，如果你们齐心合力，就会像一把筷子一样，不容易被人折断，做事情就容易成功。"

五个儿子都懂得了这个道理，从此以后，做事齐心协力，把事情做得很成功。

在人生牌局中，你必须学会与别人合作，弥补自己的不足，取长补短，从而达到双赢。

有这样一个生意人，他收购玉米再卖给别人，从中赚取差额，第一年赚了一大笔钱，尝到了甜头之后，第二年还做收购玉米的生意，但是第二年的生意很冷清，一方面是由于很难找到愿意将玉米卖给他的农民；另一方面是找不到愿意买他的玉米的客户。原来第一年做生意的时候，他不但对那些卖给他玉米的农民在价钱上克扣、短斤少两，让农民赚得很少，而且在向那些客户卖玉米的时候也非常刁钻。所以打过一次交道后，不论是农民还是客户都不愿意再跟他合作了。

如果一个人在与别人打交道的时候只顾自己赢利，势必会让别人心生不快。所以，人要在得到东西的同时付出东西，把"双赢牌"蛋糕做大，让别人也有份，这样人家欠了你的情，日后自会鼎力报答你。

双赢是现代社会所倡导的一种合作方式，做事情的时候，多考虑别人的利益，站在别人的角度考虑问题，不仅能够赢得对方的信赖和好感，还能为今后的合作打下基础。如果处处为对方着想，就能够获得更多的合作伙伴，自己今后的发展之路就会更宽。

第九章

做人不能太老实：

超越"不好意思"，告诉大家你是个厉害角色

你的软弱成就别人的强硬

　　泰德是某出版社的职员，由于自己是从外地应聘来的，在工作中他处处小心、事事谨慎。对每位同事都毕恭毕敬，与同事发生小摩擦，他从不据理力争，总是默默地走开。大家都认为他太老实，于是，都不把他当回事，以至于在许多事情上总是他吃亏。想起两年来同事们对他的态度，尤其在奖金分配上自己老是吃亏这些事，泰德心里觉得委屈。于是残酷的现实使他不得不对自己的为人处世进行反思。

　　有一天，办公室的一位同事擅离职守丢失了东西。这位同事嫁祸给泰德，说是他代自己值的班。主任在会上通报这件事时，泰德马上站了起来，说道："主任，今天的事你可以调查，查一查值班表。今天根本就不是我的班，怎么能说我不负责任。主任，有人是别有用心，想让我替他顶罪。并且，我要告诉你们，大家在一起共事也是有缘，我实在是不想和同事们争来争去。以后，谁要再像以前那样待我，对不起，我这里就不客气了。"

经过这件事，泰德发现同事们对他的态度有了明显的转变。他也不想再扮演被人欺负的老实人角色了。

人与人之间是平等的，即使竞争也是如此。所以，要想在办公室里和别人一样平等，就不能太过老实，像个软柿子一样，否则，你就会成为别人欺辱的对象。随着社会的发展，办公室竞争日趋激烈，如果你以一个"弱者"的姿态出现在办公室，不但不会引起别人的同情，相反，还会使得每个人都往你头上踩上一脚。所以，请收起你的懦弱，藏起你的老实，勇敢地面对竞争吧！只有竞争，才有进步和发展，才能创造出更好的成果，才能推动社会的进步和发展。

　　忍让是老实人最大的特点。忍让往往让对方得寸进尺，直到令你忍无可忍。人往往会得意忘形，哪里有便宜就到哪里去，谁好欺负就欺负谁。职场如此，人类社会亦如此，善良的人往往是被统治者。忍让不是办法，真正的办公室生存法则是勇敢面对，从每一件小事做起，把握原则，坚持真理，杜绝邪恶，别让对方的无理取闹越演越烈，直到无法收拾的地步。

　　在办公室里，时常会出现"欺软怕硬"的现象。如果过于老实，你的前程将会出现很大的危机。在上司眼里，一个连自我都保护不好的人，肯定是无法胜任重要职位的。所以，怎样才能不致因老实而成为受人欺负的对象是一门重要的学问。要改变被人欺负的现状，就必须强硬起来，与欺负你的人抗争，除此之外，还可以提高自己的办事能力。这样，那些原来欺负你的人就会有所收敛。

　　"吃柿子专拣软的捏"，这也是人的劣根性之一。

　　在竞争日益激烈的当今职场，你应注意自身修养，要做到胜任工作，守信用，不让个人情绪左右工作，脚踏实地地工作。进攻才是最好的防守，一味忍让，苦守在自己的城堡里，总有一天会被敌人攻下。唯一的办法是主动出击，保护自己，这样才能做到真正的防守。这样你才会成为上司眼中极具潜力的人，你的前途自然会不可限量。

应对背后说你坏话的人

俗话说，人无千日好，花无百日红。人与人之间相处，贵在真真实实，平平淡淡。对于那些搬弄是非的人，我们历来认为："来说是非者，必是是非人。"无数事实证明，那些善于搬弄是非的人，几乎都是成事不足、败事有余的人。若真的有协调能力，有公关水平，有让人敬慕的人格力量，就不可能去搬弄是非。归根结底，搬弄是非是软弱无能的表现，是在人与人之间玩弄的一种"小伎俩"，任何时候也不能登大雅之堂。

当你有天发现竟然有人在你背后四处说你坏话，暗中破坏你的形象，你该怎么办？千万不要因为一时气不过，就怒气冲冲地找对方理论。

先稳定好自己的情绪，然后以平静的心态一步步地化解难题。

第一步，检讨自己。你应该想想，自己是不是做了些什么事、说过什么话，让对方看你不顺眼。如果不明就里地就去找对方兴师问罪，只会让对方看你更不顺眼。

第二步，问清楚原因。你可以问："我不知道发生了什么事，是否可以告诉我是什么问题。"如果对方什么话也不愿意说，干脆直截了当地跟对方说："我知道你对我似乎有些不满，我认为我们有必要把话说清楚。"

第三步，委婉地警告。如果对方不肯承认他曾经对别人说过不利于你的话，你也不必戳破对方，只要跟对方说："我想可能是我误会了。不过，以后如果我有任何问题，希望你能直接告诉我。"你的目的只是让对方知道：你绝对不会坐视不管。

第四步，向老板报告。当类似的事情第二次发生时，你可以明白地告诉对方："如果我们两人无法解决问题，就有必要让老板知道这件事情。"如果事情仍未获得解决，就直接向老板报告。当然，不是所有的情况都必须向老板报告。如果对方只是对你的穿衣品位有些挑剔，就让他去吧，这并不会影响你的工作或是你和同事之间的关系。

同事之间应该豁达大度，应该相互容忍，相互谅解，而不要动不动就怨恨对方，人为地制造紧张。因此，当听到某一同事谈论对另一同事的不满时，切记不要搬弄是非或者雪上加霜。明智的办法是充当调解人，在互有成见的同事之间多做一些调和工作。隐去双方过激的不友好的话，而说一些能起到缓解矛盾和融洽关系的话。

要启发双方多想别人的长处，多找自己的不足，不要纠缠细枝末节，不对已经过去的事情耿耿于怀。只要真心诚意地维护同事之间的团结，并不厌其烦地做好工作，互有成见的同事就一定会尽弃前嫌，和好如初。

正直不是一味愚憨

做人固然需要正直，但是如果一味愚憨，不分对象，则一定会吃亏乃至失败。面对品行不端之人，就要灵活应变，不该善良软弱的时候就要先出狠招，制服对方。

东晋明帝时，中书令温峤备受明帝的亲信，大将军王敦对此非常嫉妒。王敦于是请明帝任温峤为左司马，归王敦所管理，准备等待时机除掉他。

温峤为人机智，洞悉王敦所为，便假装殷勤恭敬，综理王敦府事，并时常在王敦面前献计，借此迎合王敦，使他对自己产生好感。

除此之外，温峤有意识地结交王敦唯一的亲信钱凤，并经常对钱凤说："钱凤先生才华、能力过人，经纶满腹，当世无双。"

因为温峤在当时一向被人认为有识才看相的本事，因而钱凤听了这赞扬心里十分受用，和温峤的交情日渐加深，同时常常在王敦面前说温峤的好话。透过这一层关系，王敦对温峤戒心渐渐解除，甚至引为心腹。

不久，丹阳尹辞官出缺，温峤便对王敦进言："丹阳之地，对京都犹如人之咽喉，必须有才识相当的人去担任才行，如果所用非人，恐怕难以胜任，请你三思而行。"

王敦深以为然，就请他谈自己的意见。温峤诚恳答道："我认为没有人能比钱凤先生更合适的了。"

王敦又以同样的问题问钱凤，因为温峤推荐了钱凤，碍于面子，钱凤便说："我看还是派温峤去最适宜。"

这正是温峤暗中打的小算盘，果然如愿。王敦便推荐温峤任丹阳尹，并派他就近暗察朝廷中的动静，随时报告。

温峤接到派令后，马上就做了一个小动作。原来他担心自己一旦离开，钱凤会立刻在王敦面前进谗言而再召回自己，便在王敦为他饯别的宴会上假装喝醉了酒，歪歪倒倒地向在座同僚敬酒，敬到钱凤时，钱凤未及起身，温峤便以笏（朝板）击钱凤束发的巾坠，不高兴地说："你钱凤算什么东西，我好意敬酒你却敢不饮。"

钱凤没料到温峤一向和自己亲密，竟会突然当众羞辱自己，一时间神色愕然，说不出话来。王敦见状，忙出来打圆场，哈哈笑道："太真醉了，太真醉了。"

钱凤见温峤醉态可掬的样子，又听了王敦的话，也没法发作，只得咽下这口恶气。

温峤临行前，又向王敦告别，苦苦推辞，不愿去赴任，王敦不许。温峤出门后又转回去，痛哭流涕，表示舍不得离开大将军，请他任命别的人。

王敦大为感动，只得好言劝慰，并且请温峤勉为其难。温峤出去后，又一次返回，还是不愿上路，王敦没办法，只好亲自把他送出门，看着他上车离去。

钱凤受了温峤一顿羞辱，头脑倒清醒过来，对王敦说："温峤素来和朝廷亲密，又和庾亮有很深的交情，怎会突然转向，其中一定有诈，还是把他追回来，另换别人出任丹阳尹吧。"王敦已被温峤彻底感动了，根本听不进钱凤的话，不高兴地说："你这人气量也太窄了，太真昨天喝醉了酒，得罪了你，你怎么今天就进谗言加害他？"

钱凤有苦难言，也不敢深劝。

温峤安全返回京师后，便把在大将军府中获悉的王敦反叛的计划告诉朝廷，并和庾亮共同谋划讨伐王敦的计划。

王敦这才知道上了温峤的大当，气得暴跳如雷："我居然被这小子给骗了。"

然而，王敦已经鞭长莫及，更无法挽救失败的命运了。

正直品格只有面对正直的人才能使用，在面对小人时一定要收藏起自己的正直秉性，采取更灵活的方法应对，避免使自己的秉性被小人利用，温峤在处理王敦、钱凤等人的关系中，运用一整套娴熟的处世技巧，不但保护了自己，而且在时机成熟时，主动出击，取得了胜利。

每个办公室里都有小人，并且这些小人很可能隐藏很深。而正直的人总是因为做事坦荡而使自己处于明处。要想提防暗处小人的袭击，就必须学会保护自己。

正直不是愚憨，正直的人也不排斥计谋，甚至是也可以采用小人之计，只有采用更高一筹的计谋，正直的人才能避免遭受到小人的伤害，才能始终保持着在职场上的安全。

善良千万不要滥用

一位曾以助人为乐趣的老实人唠叨说："能帮上忙我很快乐，

但是我也不想因帮忙而得到不尊重的态度。有次午夜时分一个陌生的太太，说要将她的三个孩子送来我家，且负责上下学、伙食和睡前讲故事，还说是对我放心才给我带。另一回，也是带人家的小孩，小孩的父亲怪我伙食不行，还说我没教孩子英文、珠算、数学！还有一次，人家托我带孩子，说好晚间8点准时到，结果我等到12点还没到！打电话去问，说是'误会'，就不了了之。上班时，会计小姐在年度结算，托我帮忙，我算得头昏脑涨，那小姐却喝茶快活去了，最后，还怪我算太慢，害她被老板骂。"

凡事都往自己身上揽，唯恐得罪人的结果就是不只加重别人的依赖，也加重了自己的负担，弄得自己不堪重负。"人在河边走，哪有不湿鞋"，你不可能在所有的事情上，让所有的人都满意，如果你总是怕对方不满意，谨小慎微地察言观色，揣摩别人的心思，你迟早会把自己折磨而死。

而且一旦那些别有用心的人摸透了你想面面俱到的弱点，便会软土深掘，得寸进尺地索求，因为他们知道你不会生气，于是你就变成人人看不起，人人都来捏的软柿子。

　　某公司一个部门里，有一位同事比较胆小怕事，遇事过分忍让，因此，虽然部门的绝大多数同事对他并无恶意，但在不知不觉中总是把他当作一个理所当然地应该牺牲个人利益的人，看电影时他的票被别人拿走，春游时他被分配给看管包儿的任务……但在实际上，他心里非常渴望与别人一样，得到属于自己的那份利益与欢乐。由于他的老实软弱和极度的忍耐，这种情况持续了很久。但终于有一天，他忍无可忍了，一向木讷的他来了个总爆发，原来一场十分精彩的演出又没有他的票。

他脸色铁青，雷霆万钧，激动的声音使所有人都惊呆了。虽然那场演出的票很少，但是这位同事还是在众目睽睽之下拿走了两张票，摔门而去。大家在惊讶之余似乎也领悟到了什么。但不管怎么说，在后来的日子里，大家对他的态度似乎好多了，再没有人敢未经他的同意便轻易地拿走他的什么东西了。

"人善被人欺，马善被人骑"，动物世界里的法则是弱肉强食，其实对于职场来说，也未尝不是如此，只不过它在职场中不那么赤裸裸罢了。

因此，善良不可滥用，在别人触犯了自己的利益时一忍再忍只会助长和纵容别人侵犯你的欲望。

善良也是一种"罪"

春秋时，齐桓公死后，宋襄公不自量力，想接替齐桓公当霸主，但是，遭到了其他各国的反对。宋襄公发现郑国最积极支持楚国做盟主，便想找机会征伐郑国出口气。

周襄王十四年（公元前638年），宋襄公亲自带兵去征伐郑国。

楚成王发兵去救郑国，但他不直接去救郑国，却率领大队人马直奔宋国。宋襄公慌了手脚，只得带领宋军连夜往回赶。等宋军在涨水扎好了营盘，楚国兵马也到了对岸。公孙固劝宋襄公说："楚兵到这里来，不过是为了援救郑国。咱们从郑国撤回了军队，楚国的目的也就达到了。咱们力量小，不如和楚国讲和算了。"

宋襄公说："楚国虽说兵强马壮，可是他们缺乏仁义；咱们虽说兵力不足，可是举的是仁义大旗。他们的不义之兵，怎么打得过咱们这仁义之师呢？"宋襄公还下令做了一面大旗，绣上"仁义"二字。天亮以后，楚国开始过河。公孙固对宋襄公说："楚国人白天渡河，这明明是瞧不起咱们。咱们趁他们渡到一半时，迎头打过去，一定会胜利。"宋襄公还没等公孙固说完，便指着头上飘扬的大旗说："人家过河还没过完，咱们就打人家，这还算什么'仁义'之师呢？"

楚兵全部渡了河，在岸上布起阵来。公孙固见楚兵还没整好队伍，赶忙又对宋襄公说："楚军还没布好阵势，咱们抓住这个机会，赶快发起冲锋，还可以取胜。"

宋襄公瞪着眼睛大骂道："人家还没布好阵就去攻打，这算仁义吗？"

正说着，楚军已经排好队伍，洪水般地冲了过来。宋国的士兵吓破了胆，一个个扭头就跑。宋襄公手提长矛，想要攻打过去，可还没来得及往前冲，就被楚兵团团围住，大腿上早中了一箭，身上好几处受了伤。多亏了宋国的几员大将奋力冲杀，才把他救出来。等他逃出战场，兵车已经损失了十之八九，再看那面"仁义"大旗，早已无影无踪。老百姓见此惨状，对宋襄公骂不停口。

可宋襄公还觉得他的"仁义"取胜了。公孙固搀扶着他，他一瘸一拐地边走边说："讲仁义的军队就得以德服人。人家受伤了，就不能再去伤害他；头发花白的老兵，就不能去抓他。我以仁义打仗，怎么能乘人危难的时候去攻打人家呢？"

那些跟着逃跑的将士听了宋襄公的话，只得叹气。

确实，善良有时也是一种"罪"，不该仁义时就要无情。在社会上，妇人之仁有时会成为一个人发展的负担，甚至是致命伤。有这样一则寓言：

一匹狼跑到牧羊人的农场，想偷猎一只羊。牧羊人的猎犬追了过来，这只猎犬非常高大凶猛，狼见打不过又跑不掉，便趴在地上流着眼泪苦苦哀求，发誓它再也不会来打这些羊的主意。猎犬听了它的话，又看它流了泪，非常不忍，便放了这匹狼。想不到这匹狼在猎犬回转身的时候，纵身咬住了猎犬的脖子，临死之际，猎犬伤心地说："我原不应该被狼的话感动的！"

然而，现实生活中却有很多如宋襄公和寓言中的猎犬一样的人，以为能通过自己的仁义感化别人。殊不知，这种"妇人之仁"不但不会感动他人，反而会给他人更多的机会再次犯下恶行。

因此，有时，善良也是一种"罪"，在不该仁义的时候就要无情。其实无情的人并不见得就是坏人，做事无情也只是保护自己的一种手段。许多情况下留对手以退路，对手很可能会反过来置你于死地，那么就一定要狠下心，莫作"妇人之仁"。

过度宽容是软弱

有一天，著名经济学家茅于轼陪一位外宾去北京西郊戒台寺游览。他们叫了一辆出租车，来回90多千米，加上停车等待约两个小时，总计价245元。但茅先生发现司机没有按来回计价。按当时北京市的规定，出租车行驶超过15千米之后每公里从1.6元加价到2.4元。其理由是假定出租车已驶离市区，回程将是空车。但对于来回行驶，因不会发生空驶，全程应按1.6元计价。显然，出租车司机多收费了。

此时，茅先生有两种选择：一是以眼还眼，以牙还牙，拒绝付款，甚至去举报司机的违规行为，让司机被处以停驶一段时间的处罚；二是以德报怨，不但付钱还给司机小费，以期能够感化司机，但是茅于轼先生做出了第三种选择，就是仍按规定付款，但告诉他，他已犯了规，让他以后改正。

从上面这个反映现实人际关系的小故事中，我们可以发现，当受到不公正的对待时，在没有法规和道德约束的情况下，对自己最有利的一种策略就是茅于轼先生的第三种选择：以直报怨。

中国儒家思想讲究"恕道"，严于律己，宽以待人，甚至还有"唾面自干"的典故，这些教诲的意思是：当有人损害你的利益时，不要反抗，而应该委曲求全。这些教诲从道德上不能说不对，从策略上说，无论"逆来顺受"还是"以柔克刚"，也都有其合理性，但问题是逆来顺受之后会怎么样？一个可预见的结果是，一旦知道你会采取这种宽容策略，他们会永远采取背叛策略，进一步欺负你。

另一个可预见的结果是，对方会从你的"宽容"中得到"鼓励"，去欺负其他人，最后人人生活在一个邪恶的世界里。

所以，在人际、群际关系乃至国际关系中，唾面自干、逆来顺受的博弈策略是不宜提倡的，委曲求全、以德报怨是应该酌情运用的。对恶行的惩罚、对恶人的威慑与对善行的奖励同样重要，甚至更为重要。世界各国都有详细缜密的法律规范本国人民的行为，社会也会用道德等"不成文的法律"保证合作，作为个人，也要通过勇敢维护自己的权利，来回击恶意的侵犯，这样做不仅是为了自己，更是为了整个社会。

宽容固然可以避免不必要的争斗，但过度宽容就是软弱，它不仅无益，反而有害。只有以直报怨，才是正确的博弈之道。

别做老好人

今天，仿佛所有的事情都堆到了一块儿！除了日常工作，再加上一些突发事情，工作都撞在了一起，让林丽感到喘不过气来。但是……"林丽，把这份文件送到市场部。"电话那头，经理有了最新指示。林丽只能放下手头的工作，送文件回来后还没来得及坐下，"林丽，赶紧帮我发个传真"，小张说。"还有，回来时顺便帮我带杯咖啡啦。"小田不失时机。

林丽皱了皱眉头，虽然嘴上没说什么，但是心里极不爽。作为新人，因刚来工作还没上手，经常要麻烦同事帮忙，所以只要力所能及，林丽都乐意帮其他同事做事，希望能够更快地融入新的环境中去。但是没有想到，不知从何时起，林丽竟成了"人民公仆"，同事们有什么事情都习惯差遣她，什么闲杂的工作都叫她去做：这个叫她去复印，那个叫她递文件……

她感到很郁闷！当她端着小王要的咖啡走进办公室时，刚好撞见了经理。经理看了看她，一脸的不快，皱着眉头说："小林，你怎么老是进进出出啊？"林丽哑巴吃黄连，有苦说不出。而小王他们只是抬头看了她一眼，马上低头做忙得不亦乐乎状！当同事们在忙自己的工作时，林丽却放下手头的工作，忙着给他们发传真、端咖啡、送文件这些鸡毛蒜皮的杂务！当同事们得到经理表扬时，她却挨经理的批评！林丽越想越气，感觉眼泪要流下来了。

遇到这样的情况，你是不是很冤枉？为了满足别人的需求，你花费了那么多的时间和精力，却被说成一个在工作中缺少主动能力和主动意识的人，只能在别人的计划中以谦卑的姿态分一杯羹吃。你不禁委屈道：真不公平啊，我这样对他们，竟换不来他们的感激，反而被他们鄙视。事实上，这是很自然的一种质变。当你偶尔帮助别人做一些事务性工作，并一再强调自己分身乏术时，别人觉得你对他的帮助非常难得，因此感激你；而当你经常性地主动帮助别人时，别人反倒不觉稀罕了，也就不感激你了。

你的工作量不停增加，这还都只是小事，只是你辛苦点罢了，最重要的是如果在帮助别人之前没有搞清楚事情的来龙去脉，很可能就会背黑锅，犯错误都说不定。看来"老好人"不好当呀，很可能费力不讨好。

要想打破这种局面，就要敢于说"不"。你不敢说"不"，不敢拒绝的原因，是因为你太在乎对方的反应，你在担心：他因为你的拒绝而愤怒。但事实上，你才是那个感到愤怒和不安的人，因为你违心地答应了别人的要求。要拒绝别人，又不想让人觉得你冷漠无情、自私自利，下面有几种方法，能帮助你找到合适的说辞，大大方方地说"不"。

1. "不，但是……"

你的新同事在工作忙得不可开交的时候，想请一天假。你可以说："我想可能不行，但是如果你能在请假的前几天里，用休息时间多做一些工作，我认为你请假会比较恰当。"你拒绝了对方的请求，但你同时找到了改变自己决定的可能性，即如果对方能按你的要求去做，你会同意他的请求。

2. "这是为了你好……"

一个刚失业的朋友正在找工作，他听说你所在的公司正在招聘，跃跃欲试。你发现他并不是那份工作的合适人选，但他却说："你能向上级推荐我吗？"你可以说："我觉得那份工作并不适合你，你是一个很有创意的人，但我们公司正在寻找一个数学方面的人才。"你的朋友需要的是诚恳的建议。如果那份工作真的不适合他，你是在帮助他节省时间。

3. 欲抑先扬

一个关系要好的同事想升迁，在洗手间里她问你："你现在一个月挣多少钱？"你可以说："我觉得这次你会成功晋升的，因为你确实很有能力，但关于我的薪水，无可奉告。"先强调你想肯定的那个部分，那么说起"不"来，会容易得多。在这种情况下，对方往往不会再和你争论她所关心的这个不相干的话题。

4. 话题引导

你的朋友常拖家带口地在你家借宿，而她却从来不邀请你去她家借宿。你可以说："我们都很喜欢你的宝贝女儿，但今晚不太方便，而且我觉得孩子们对我家已经没什么新鲜感了，要不哪天我带着孩子去你们家留宿？"在拒绝的时候，你把话题引到了真正的原因上，也就是说，你在积极地解决问题。一味地"好说话"，一旦表现出自己不顺从、有主见的一面，同事就会认为你不听话了，翅膀硬了，感到别扭，也不利于你的前途和发展。因此，开始的时候就要树立这种意识，一定表现出自己的独立性和原则，这样才能省去麻烦，真正赢得好人缘。

第十章

职场不输阵，敢秀才会赢：

别让"不好意思"拖了后腿

聪明的人会在蛋糕上裱花

中国台湾作家黄明坚有一个形象的比喻："做完蛋糕要记得裱花。有很多做好的蛋糕，因为看起来不够漂亮，所以卖不出去。但是在上面涂满奶油，裱上美丽的花朵，人们自然就会喜欢来买。"做完蛋糕裱了美丽的奶油花朵，就自然赢得了人们的青睐。作为员工随时不忘向老板报告自己的行动，就是在自己做的蛋糕上裱花，让老板为你喝彩。

有的员工在工作上完全称得上尽职尽责，他的稳重和勤奋在部门里是有目共睹的。可能他会为了核对一个数据，不惜夜以继日，将白天做的工作重新计算一遍，以确保准确无误。然而在部门之外，部门经理以上，就没有人知道他到底多花了多少心思，做了多少额外的工作了。

相反，有的人，论业务熟悉程度不如前者，但工作的积极性很高，不仅虚心向他人请教，而且经常就工作中一些可改进的地方向上级提出合理化建议。在工作空闲阶段，只要看到其他同事忙得不亦乐乎，也会主动伸出援手；或者会自觉找到领导，要求承担额外工作。此外，如果有可能，他还会定期向部门经理汇报最近一段时间工作上遇到的收获和困惑，这样一方面有助于更好地开展工作；另一方面也能使领导了解他的实际工作量和工作中的各种客观因素。

生活中常有这样的情况：有的人做了很多，但升迁、涨薪的往往不是他；有的人虽然做的不是很多，但却引来老板的赞赏、同事的羡慕，加薪等好事自然也尾随而至……相信每个人都想做后者不想做前者。

如果老板看不到自己的工作成绩，确实是件相当郁闷的事情。但总体说来，身在职场的人的表现也是各不相同的。有的人非常自信，认为只要自己努力工作总有一天老板会明白；有的人选择随遇而安，并不是很介意；有的人则比较消极，甚至有了破罐子破摔的想法。

那么，在老板迟迟未能看到你的成绩时，该怎么办呢？如何让别人看到你所做的？如何让老板关注你呢？

在老板迟迟未能看到自己的成绩时，你可能会选择跳槽；你也可能抱着"是金子总会发光的"的信念继续积极工作；只有真正聪明的人会主动寻求良机与老板沟通，在恰当的时候呈上你的"捷报"。

在蛋糕上裱花是指作为下属的你在埋头苦干的同时，不要做个"闷葫芦"，像徐庶进曹营时一样一言不发，因为这种类型的人在现代社会上很是吃不开的。要知道老板只能看到你在办公室里上班时间的工作表现，而看不到你为了更好地完成某项任务而加班加点工作的身影。

有些人只顾埋头工作，完成后一交了事，与老板的交流很少。自己为了完成这项任务加班加点、费劲流汗、耽误时间等，如果你不主动向老板说明，同事一般很少在老板面前提你的情况，你所付出的精力和汗水也就白费了。所以，不但要会干，还要会说，要采取巧妙的方法让老板感到你背后付出的努力和艰辛，也让老板感到你的确是一个勤奋敬业的好下属。

是金子就要让自己发光

表现欲是人们有意识地向他人展示自己才能、学识、成就的欲望。对于我们来说，增强自己积极的表现欲尤为重要。实践证明，积极的表现是一种促人奋进的内在动力。谁拥有它，谁就会争得更能发展自己的机会，从而接近成功的彼岸。

然而在现实生活中，有一些人并不这样看问题，他们对表现欲存有偏见，以为那是"出风头"，是不稳重、不成熟。所以不喜欢在大庭广众面前表现自己，仅满足于埋头苦干、默默无闻。也有一些很有才华、见解的人，缺乏当众展示自己的勇气，遇事紧张胆怯，每每退避三舍。这样一来，他们不但失掉了很多机会，而且给人留下了平庸无能、无所作为的印象，自然得不到好评和重用。这些现象告诉我们，表现欲不足无疑是一种缺憾，积极的表现欲应该成为现代人必备的心理。

有一家大型企业到某高校招聘人才，毕业生们非常踊跃，偌大的礼堂座无虚席。首先，人事主管对集团概况、发展简史、招聘岗位与要求等一一作了介绍。这家企业在国内久负盛名，这次招聘开出的待遇条件也相当优厚，未来发展前景非常良好，不少毕业生都很动心，在台下认真地做了记录。一旁的总经理突然说道："哪位同学觉得自己能够胜任这份职务，可以现在就作个自我介绍。"立刻，会场变得鸦雀无声，众目睽睽之下，谁也不想"出风头"。何况万一人家觉得自己不合适，不是白白丢脸。

总经理非常惊讶，在这些青年人身上竟看不到一点"初生牛犊不怕虎"的闯劲。失望之际，一个男生从后排站起来，他的脸涨得通红，看上去非常紧张，他结结巴巴地说："您……您好。我是……管理学院……管……管"，"管"了半天，周围的同学开始窃笑。总经理温和地说："没关系，你先放松一下，再介绍一次。"他腼腆地笑了笑，停了一会儿，这才开口说道："对不起，我太紧张了。我是管理学院工商系的学生，我觉得自己可以胜任这份工作。贵公司是一家实力雄厚的企业集团，如果能够得到这个机会，我一定会发挥所学，尽我最大努力，做好工作。"

总经理点点头，示意他坐下。他拿过麦克风，对台下说："我不了解这位同学的详细情况，但我可以告诉他，他被录取了。他身上有你们很多人缺少的东西，就是勇气。在机遇到来时，大胆表现自己，这就是勇气。年轻人不能没有勇气啊，我们的企业就需要这种积极向上、无所畏惧的青春力量。"

台下的窃笑早就停止了，大家都陷入了深深的思索，而更多的则是懊悔：为什么自己没能站起来展示自我呢？与其说是人家幸运，不如多从自己身上找问题。

一个人若想获得成功，必须善于表现自己。表现自己是一种才华、一种艺术。有了这项才华，你就不愁吃，不愁穿了，因为当你学会了推销自己，你几乎可以推销任何值得拥有的东西。有人具有这项才华，有人就不这么幸运了。

自我表现能够让人变得自信，让人充满激情和力量，给人机会，让人成功。

善于表现自我的人参与意识和竞争观念都比较强，他们能以积极的心态看待自己，把当众表现当成乐趣和机会，主动地寻找表现的场合，甚至敢与强手公开竞争。所以，他们就比一般人多了参与实践的机会。比如，在会议上发言，表现欲强的人常常主动发言，谈自己的见解。如此不断实践，他们的思想水平和口才就会得到锻炼，得到长足的提高。

他们通常都注意塑造自我形象，有较高的追求。他们为了当众塑造良好的形象，必然以此为动力，努力学习、勤奋工作，不断充实自己，使自己获得真才实学。

一个有才干的人能不能得到重用，很大程度上取决于他能否在适当场合展示自己的本领，让他人认识自己。

每一件小事都是绝佳机会

在很多人眼里，都觉得子敏的运气特别好。

她的专业在这个行业里并不占什么优势，长相一般，能力也并不出类拔萃，但她进入公司后短短的两年时间里，在每一个部门都做得有声有色,每一次调动都令人刮目相看。关于她的崛起,有各色各样的说法,大致上都有这么一点:就是大家觉得是好运气眷顾了她,给了她得天独厚的机会,否则她凭什么从人事部文员到营销部经理,一路绿灯,一路凯歌呢?

只有她自己清楚,机会是怎么得来的。

进这家大公司的时候,专业优势不明显的她先被分到人事部,做一个并不起眼的文员。那个部门,能言善道、八面玲珑的女孩子和深谙权术、势利平庸的男人比比皆是。她不惹是非,只是恪尽职守。不过偶尔露露锋芒,比如,发现了别人输错了数据,她悄悄将其修正了,并不大肆渲染;领导让她做什么,她就竭尽所能,总是在第一时间做到让人无可挑剔。别人扎堆抱怨工作百无聊赖、老板苛刻、地铁太挤时,她在悄悄熟悉公司的部门、产品以及主要客户的情况。

有一次营销部经理偶尔经过她的办公室,看到她处理一件小事情时表现得十分得体和有分寸,就推荐她去担任他们部门的一个空缺职位。

营销部令她的世界骤然广阔起来。同原先一样,她的特色就是默默地努力。半年后,她的几份扎实的调查分析报告,为她赢得了一片喝彩。一年后,她已经是营销部公认的举足轻重的人物了,看到她在会议上气定神闲、无懈可击地发言,使原来行政部的同事大跌眼镜。

刚刚荣升公司经理不久,老板请她喝茶,问她愿不愿意接受挑战,去情况并不乐观的北方公司。

子敏选择了库存积压最厉害的第一销售处,开始了她的第一步工作。寒冷的冬天，她一个人借了一辆自行车，找公司产品的代理商，了解产品滞销的原因。几个月后，情况就开始明显改善了。

不知情的人，当然以为她这两年走红运，哪里知道她每天工作的艰辛。

关于机会，子敏最有感触：机会来的时候，并不会同你打招呼，告诉你"我来了，千万不要错过我啊"。不疏忽平时的每一个点滴，做好每一件不起眼的小事，就是在为自己创造最佳的机会。

和子敏不同，有些在职场中的人，只是被动地应付工作，为了工作而工作，他们在工作中没有投入自己全部的热情和智慧。他们只是在机械地完成任务，而不是创造性地、自觉自愿地工作。

这种被动工作的员工，很难在工作中获得成就，最终将一事无成。

如果你想攀上成功之梯的最高阶，你必须永远保持主动的精神，纵使面对缺乏挑战或毫无乐趣的工作，最后也能获得回报。当你养成这种主动工作的习惯时，你就有可能获得成功。

擦亮慧眼，做晋升路上的"机会主义者"

纽约的基姆·瑞德先生原先从事过沉船寻宝工作，在遭遇那只高尔夫球前，他的日子过得很平凡。

一天，他偶然看到一只高尔夫球因为打球者动作的失误而掉进湖水中，霎时，他仿佛看到了一个机会。他穿戴好潜水工具，跳进了朗伍德"洛岭"高尔夫球场的湖中。在湖底，他惊讶地看到白茫茫的一片，足足散落堆积了成千上万只高尔夫球。这些球大部分都跟新的没什么差别。

球场经理知道后，答应以 10 美分一只的价钱收购。他这一天捞了 2000 多只，得到的钱相当于他一周的薪水。干到后来，他每天把球捞出湖面，带回家让雇工洗净、重新喷漆，然后包装，按新球价格的一半出售。后来，其他的潜水员闻风而动，从事这项工作的潜水员多了起来，瑞德干脆从他们手中收购这些旧球，每只 8 美分。每天都有 8 万 ~10 万只这样的旧高尔夫球送到他设在奥兰多的公司，现在，他的总收入已达 800 多万美元。

对于掉入湖中的高尔夫球，别人看到的是失败和沮丧，而瑞德说："我主要是从别人的失误中获得机遇的。"瑞德对机会的把握是很准确的，别人打高尔夫球，失误在所难免，而瑞德却把这看成自己的机会，用它来赚钱。当别人都发现这个机会的时候，瑞德却另辟蹊径，从潜水员手里收购高尔夫球，终于成了一代富翁。

很多人都可能会发现高尔夫球落水的情况，却没有人把这当做一个机会去把握，因为他们没有一个有准备的头脑。在人生中，我们不能等待，要积极寻找并抓住机会，一时的等待可能会造成一生的遗憾。

要抓住机会，首先要拥有一双能够抓住机会的眼睛。作为下属应学会慧眼识机会，如果对机会之神的来访一无所知，失之交臂，终将悔之。俗话说："通往失败的路上处处是错失了的机会。"

发现机会是以主体自身的才能和努力为前提的。人们常说"打江山容易守江山难"，那么用于机会就是"发现机会容易，抓住机会难"。机遇伴随时间而来，也伴随时间而去，它和时间一样来去匆匆。如果你不牢牢地将它抓住，它就会和时间一起从你的指间滑落，留给你的将只是无尽的怅惘和遗憾。因此，职场中的你应该擦亮眼睛，看准时机，主动把握时间，必要时创造机遇，做一个实实在在的"投机分子"，牢牢地将机遇抓在手里，一刻也不放松。

代理的机会，就是升职的机会

在职场中，每一个员工都想升职加薪。但现实是，并不是每一个人都有升职加薪的机会。这时候，如果你能抓住代理的机会，那么千万不要轻易放弃。

吉姆原本是一位普通的银行职员，后来受聘于一家汽车公司。工作了6个月之后，他想试试是否有提升的机会，于是直接写信向老板毛遂自荐。老板给他的答复是："现任命你代理监督新厂机器设备的安装工作，但不保证加薪，也不保证几个月后一定提升你。"

吉姆没有受过任何工程方面的训练，甚至连图纸都看不懂，但是，他没有放弃这个机会。他发奋图强，废寝忘食，每天工作十几个小时，最后他终于完成了安装工作，并且提前一个星期。结果，他不仅获得了提升，薪水也增加了10倍。

"我知道你看不懂图纸，"老板后来对他说，"你完全可以随便找一个理由推掉这个工作，但结果就是你失去升职加薪的机会。"

吉姆通过代理最后成了正职。试想，如果当时吉姆害怕困难，就拒绝这个代理的机会，那么他或许永远错失升职的机会。所以，吉姆的经历告诉我们：要升职，首先主动争取，更多的时候，机会是我们自己争取来的。

抓住一切可以做"代理"的机会，千万不要因为做代理的困难，你就轻易放弃，这样损失的只能是自己。

如果你想要在职场上有所发展，也不妨留意一下自己身边的代理机会。代理是一种临时方案，目的是让工作可以顺利开展，不会因为人的因素而让工作停摆。通常情况下，大家都知道代理的目的就是希望有一天这个代理人能够真正成为"正主"。通过代理工作，可以让别人有机会评断你是否有能力担负这样的工作。而对于老板来说，如果提拔一个人怕引起其他人的反驳，不妨让他先代理一段时间。虽然大家知道"代理"的目的，但只要大家有异议，上司就会用"这不过是一种临时性的方案"来搪塞，久而久之，其他人就会慢慢接受这样的状况。

当一个工作的职位空缺时，代理是一种权宜之计，但是它也可能是一种权谋。其实找了代理，也并不意味着上司就把未来职位交给这个代理人了。就像《潜伏》里面，吴敬中也没有打算直接让陆桥山升为副站长，他还想多观察一段时间。

但是无论如何，代理是一种妙用无穷的良方。当你在资历或者才能上并不出众时，通过代理某个职位，你可以不断学习和积累经验。虽然只是代理，但在这段时间里，由你做出决策，如果你能够利用这个机会做好代理，那么也就告诉了你的上司和同事，你有能力出任这一职位。这也就为你的"转正"打下了坚实的基础。因此，千万不要错过任何一个做代理的机会。

有时候上司不在，又有紧急的事情要处理，你可以主动发挥一下，在权责允许的范围内把事情办好。也许下一次，上司就会主动把这样的事情交给你做。有时候甚至只是接听一个电话，都有可能让别人改变对你的印象。

其实代理的思路再拓宽，就是要有大局意识，有主人公的精神。一直把公司发展当成自己的责任，所以做什么事情都积极主动，无怨无悔，这样的员工上司怎么会拒绝呢？时刻把自己当成自己的上司，不仅是在给自己看问题时多提供一个角度，也是在为自己的升职多留一个心眼儿。

勇于向领导"秀"出自己，别让自己的努力白费

"老实做人，踏实做事"固然重要，但也要懂得表现，做好本职工作的同时也要让领导注意到自己，别让事情"白"做了。

很多人在单位里像老黄牛一样默默耕耘了很多年，但还是没有升迁的机会，有时不免抱怨上司太不够意思，没有多关照一下自己。其实，在这种情况下，也许应该问问自己，有没有做过什么特别的工作给老板留下深刻的印象？有没有说过令老板都惊奇的话等等。如果没有的话，那就不用抱怨什么了，因为你从来就不敢在老板面前展现自己与众不同的一面。老板事情那么多，自然很少会关注到你了。如果你善于抓住时机，在上司面前表现自己，情况也许就不一样了。

不想当将军的士兵，不是好士兵。要想出人头地，首先要让领导注意你，而后才有可能重视你。晋升之路通过领导实现，有野心的你千万不要太默默无闻了，一定要选择合适的时机"秀"出自己。只有敢"秀"，才会成功。

但是在秀出自己的时候，要把握好一定的原则，具体如下。

1. 推荐以对方为导向

在推荐自己的时候，注重的应该是对方的需要和感受，并根据他们的需要和感受说服对方，被对方接受。某重点高校的学生琳琳，个性外向，多才多艺。她听说一家知名刊物招聘记者，便立即前去面试。谁知由于准备工作不足，她对该刊物缺乏了解，回答此类问题时张口结舌。尽管她成绩很好，也很聪明能干，却没能赢得总编的好感。琳琳的自我表现因为导向错误，而归于失败。

2. 不要害怕失败

人有百好，各有所好。对人才的需求也是这样。假如你针对对方的需要和感受仍说服不了对方，没能被对方所接受的话，你就应该重新考虑自己的选择。但是不要因为一次失败，便失去了自我表现的勇气。你应该调整的是你的期望值，而不是自我表现的态度和方法。

3. 掌握一些方法

人们通过面谈可以取得推荐自己、说服对方、达成协议、交流信息、消除误会等功效。自我表现时，应注意和遵守以下法则：依据面谈的对象、内容做好准备工作；语言表达自如，要大胆说话，克服心理障碍；掌握适当的时机，包括摸清情况、观察表情、分析心理、随机应变等。

4. 要有自己的特色

秀出自己，必须先从引起别人的注意开始。如果别人不在意你的存在，那就谈不上表现自己。那么，如何引起别人的注意呢？关键是要有自己的特色。这里所谓的特色，就是你个人的风格、特点、优点、长处。那些有别于旁人的，不流于俗的东西，你尽可以大胆地展现出来，定会令人眼前一亮。

5. 应知难而退

在表现自我时，如果发现时机不对或者对方无兴趣，就要"三十六计，走为上策"。这时候，表现要冷静，不卑不亢地表明态度，或者自己找个台阶下，给人留下明理的印象。

表现自己是一种才华、一种艺术。有了这项才华，你就一马平川了。如果你想在职场中获得成功，就必须善于表现自己。

第十一章

商场如战场：

"不好意思" 不值钱

妙用"高价"，让对方乐于接受

有句俗语说："开门做生意，就高不就低。"创业之始，千万不要给自己定位太低，尤其是给商品定价时，别以为便宜就能大卖、便宜就能吸引顾客，现实中，往往是越贵的反而越能吸引顾客。

生活中，我们就经常遇到这样的情形：款式、皮质差不多的一双皮鞋，在普通的鞋店卖 80 元，而在大商场的柜台，却能卖到几百元，且总有人愿意买。1.66 万元的眼镜架、6.88 万元的纪念表、168 万元的顶级钢琴，这些近乎天价的商品，往往也能在市场上走俏。

人们常有一种固执的观念，认为越贵的东西越好，而不管它的质量和价格是否真的成正比例。

在美国亚利桑那州曾发生过一件有趣的事情：一家印第安珠宝店里，老板正为采购到一批脱不了手的漂亮的绿宝石而发愁，虽然是旅游的旺季，但他的绿宝石即使物美价廉总也卖不掉。最后，老板由于急着去外地谈生意，临走的前一天晚上，气急败坏地给售货员留了一张纸条："绿宝石以原来价钱的 1/2 卖掉。"老板打算亏本清仓。

几天后，老板从外地回来了，发现那批绿宝石已被抢购一空，再查价格，不禁喜出望外。因为那批宝石不是以一半的贱价销售出去的，而是卖成了原来价钱的两倍。原来，店员们把老板留下的指令误认为是按 1～2 倍的价格卖掉。他们都没有想到，价格提高后，购买者反而越来越多，本以为会积压的绿宝石却成了抢手货。

　　其实，这种现象在心理学上叫做"凡勃伦效应"，很多消费者在购买商品时就高不就低，他们常常有一种通过购买高价商品来获得身份认同和显示自己的社会地位的心理。他们购买商品的目的已并不仅仅是为了获得直接的物质满足和享受，更大程度上是为了获得一种心理上的满足。

　　随着社会经济的发展，人们的消费会随着收入的增加而逐步由追求数量和质量过渡到追求品位格调。了解了"凡勃伦效应"，我们就可以利用它来探索新的经营策略。例如，凭借媒体的宣传，使商品附带上一种高层次的形象，给人以"名贵"和"超凡脱俗"的印象，从而加强消费者对商品的好感。

　　这种价值的转换，在消费者从理性购买阶段过渡到感性购买阶段时，是完全可能的。尤其是在经济比较发达的地区，感性消费已经逐渐成为一种时尚，只要消费者有能力进行这种感性购买，"凡勃伦效应"就可以被有效地转化为提高市场份额营销策略。

　　创业者要善于利用消费者这种消费心理，积极调整自己的营销策略，以便取得更大的收益。

2007 年 7 月 26 日，北京太平洋百货引进了一种产自日本的大米——日本新潟县的"越光"牌大米和宫城县的"一见钟情"牌大米。两种大米均为两公斤包装，售价分别高达 198 元和 188 元。然而，这种比国内普通大米价格高出 20 倍的日本大米居然得到了消费者的热烈追捧，还引来很多专门冲着大米来的客人。结果，不到 20 天，12 吨的"天价大米"竟然在北京销售一空。

也许会你觉得有悖于我们的常识，但事实是不容置疑的——越是贵的东西，越受人青睐。你出低价我反而不信任你的质量和品质，你出高价我却从不质疑物有所值。

既然消费者有这样的心理，创业者就要学会妙用"高价"，推销自己的商品，用广告力捧自己的产品，让它包装上市，不断保值增值，让顾客买得乐意，自己赚得惬意。

从对手的忽略中，赚取超额利润

对于一个创业者来说，选择在什么地点做什么样的生意，投资什么项目，投资多少都是业务大方向的问题；决定了发展方向后，就是具体的产品生产和服务的问题，是卖盖浇饭还是牛肉面、是开火锅店还是冰激凌店、是特价商品概不负责还是所有商品一律售后微笑服务……但是，做好前面所有的环节只是打了个地基，一个成功的老板要想业务上、收入上超过别人，最重要的是要在细节上比别人做得更好，硬件上难分伯仲时，就要在软件上寻求出路。只要你肯动脑子，肯在别人忽略的细节上下工夫，你就一定能最先尝到别人还没发现的那块市场蛋糕。

某地，有两名报童在卖同一份报纸，二人是竞争对手。

其中一个报童很勤奋、很卖力，每天起早贪黑，沿街叫卖，嗓门也极其响亮，可是有时候，思路不对，再勤奋也是徒劳。这个报童每天虽然很卖力，但是卖出的报纸却并不多，甚至还有减少的趋势。

另一个报童肯动脑子，除了沿街叫卖外，他还想出一招"先读后收费"的营销方案。他每天坚持去一些固定场合给人们分发报纸，过一会儿再来收钱。结果地方越跑越多，熟客也越来越多，自然报纸的销量也越来越好。渐渐的，第二个报童卖出去的报纸越来越多，抢占的市场份额也越来越大。第一个报童无奈于销量的每况愈下，最后不得不另谋生路。

为什么会如此呢？同样一件简单的事情，同样的报纸，同样的时间内，为什么第二个报童能比第一个赚取更大的利润呢？原因就在人们所忽略的那些细节上。

（1）市场再大也是有限的，想称霸一方，就要先下手为强。在一个固定地区，读者是有限的，谁能先发出报纸，谁就能先抢占客户。你发得越多，对方的市场就越小，这对竞争对手的利润和信心都构成了打击。

（2）报纸首先是文化，其次才是商品，如果找准对象再叫卖，便能一击即中。报纸不像别的消费品，它的价格便宜，购买也比较随机，一般不会因质量问题而退货。所以，采取"先给他阅读再来收费"的方式，人们一般不好意思看了你的东西还拿这点小钱为难你，毕竟看报的都是些识字的讲道理的人。

（3）即使有些人看了报，退报不给钱，也没关系。报纸这种商品没损坏还能再次消费，况且他已经习惯看你发的报，肯定不会去买别人的报纸，是你的潜在客户。

另外，还有一个卖粥的故事。

> 甲、乙两家卖粥的小店。两者的地理位置、客流量、粥的质量、服务、水平等各方面都差不多，按理说，两家的生意应该一样红火。然而，每天晚上算账的时候，乙店总是比甲店赢利多。而赢利的砝码就在服务小姐的一句简单的问话中。
>
> 当客人走进甲店时，服务小姐盛好粥后会问客人："加不加鸡蛋？"有的客人说加，有的客人说不加，大概各占一半。而当客人走进乙店时，服务小姐同样盛好一碗粥会问："您加一个鸡蛋，还是加两个鸡蛋？"爱吃鸡蛋的客人就要求加两个，不爱吃的就要求加一个，也有要求不加的，但是很少。全天下来，乙店就会比甲店多卖出很多个鸡蛋，营业收入和利润自然就要多一些。

这就是心理学上著名的"沉锚"效应：在人们做决策时，思维往往会被得到的第一信息所左右，它会像沉入海底的锚一样把你的思维固定在某处。

小小的卖报、卖粥生意，却有这么多技巧和学问，如果你掌握这些小技巧，注意这些小细节，就会在平凡之中做出不平凡的事情来。

创业切忌好高骛远，凡事从小处做起，踏实前进，不管你是大老板还是小老板，只要善于从细节中揣摩，便能发掘出别人忽略的那些超额利润。

智谋迂回他人间，空手也能套白狼

如今，创业之势发展越来越猛，越来越多的人不得不另谋出路，选择自主发展、自己创业。然而，创业并非一件容易的事。创业，首先你必须有钱、有人、有关系，更重要的是，你要有智慧。因为有智慧的人没有钱也能当老板，空手也能套白狼。

何谓"空手套白狼"？意思是指在没有使用任何先进武器的情况下，单用一根最原始的绳子就能将一只珍贵的白狼套住了，也就是小投入高回报之意。那么，"零投入"是如何换回高回报的呢？这里靠的就是计谋和智慧。

据《战国策》记载，著名的纵横家张仪曾经在楚国生活时，非常不得意，穷困潦倒，吃住常常没有着落，连仆人都受不了，不得不跟张仪说自己宁愿辞退回家。张仪不答应，说："我知道你是嫌衣着破旧，所以想往别家去。我不拦你，但是，如果你愿意再等几天，待我去见过那些有钱人后，再决定去留不迟。"

于是，张仪带着他那套纵横之术去面见楚王，可惜楚王对张仪的主张毫不感兴趣。无奈之下张仪心生一计，说："既然大王目前没什么地方需要在下，请您派我到晋国去吧。"楚王说："也好。"张仪又问："您需要从晋国带点什么回来吗？"楚王说："金银财宝我楚国都有，再没什么需要的了。"

张仪笑了笑，说："大王想要美人吗？"楚王问，"怎么讲？"张仪说："晋国的美人皮肤白皙，身材姣好，要是没见过的，还以为是仙女下凡呢！"楚王悠然神往："那你速去速回，一定要为本王带些晋国的美人回来。"于是，楚王叫人拿来珍珠美玉，即刻就要打发张仪去北上寻芳。

当时，宫中楚王最喜欢的两个女人，一个叫南后，一个叫郑袖。她俩还没听到此事便心生恐慌。于是，立刻请来张仪。"听说楚王派你去晋国寻芳。我俩特地给您备了点儿盘缠，小小意思，不成敬意……"一个拿出千两金子，另一个也送上五百。很显然，南后和郑袖是不想让张仪给楚王寻芳，担心动摇自己在楚王心中的地位，故意贿赂张仪。

张仪不想得罪南后和郑袖。次日，他去向楚王道别，面带悲色："大王，外面路途险阻，关山难渡。我这一去，不知哪年才能再见到您。"楚王颇为感动，连叫摆酒。酒过三巡，张仪说："大王，这里如此冷清，您何不把家人一块儿叫来呢？"楚王便把南后和郑袖叫来。张仪一见，马上向楚王跪倒："在下该死，在下该死！"楚王一头雾水："你这又是为何？"

张仪说："天下之大，在下从未见过这么绝色的美人！先前我说去晋国找美人，没想到天下最美的人就在您身边！大王恕罪！"楚王哈哈大笑，说道："那你就不必挂心了。我本来就认为天下的美女谁也比不上她们两人。"

就这样，张仪凭他的三寸不烂之舌，在楚王面前玩了一回空手套白狼，白得黄金千两。

这里的"空手套白狼"并不是坑蒙拐骗的一套伎俩，而是在法律允许的范围内，白手创业，以小搏大，四两拨千斤。

日本角荣银行的董事长田式美在创业之初一穷二白，但他想出了一套空手套白狼的营销方案——"预约出售"。凭借此方案，让他"没有资金却赚了大钱"。

这个方法说来很简单，例如，有人要买房，他就四处去找有意向的卖主，先谈妥价钱，然后告诉买方："那栋楼约值100万日元以上，但主人现在80万就脱手，请你买下它，保证两个月可赚一成。超出一成利润时，超出部分由我得，若赚不到一成，我赠你一成利润。"等劝服买主买下来后，他便代其销售，往往以高出买价许多成的价格售出。

对买主来说，两个月就有一成利润，比银行存款利润高很多，而且安全可靠，何乐而不为？田式美本来一无所有，但照样"空手套白狼"顺利地做成了这项不要本钱的生意。后来经过10年的奋斗，他竟成了日本有名的建筑企业家。

"空手套白狼"是要我们打破"先有鸡还是先有蛋"这种死循环的心理定式，巧借外力，以四两拨千斤之势来赢得成功。其实，即使全世界都陷入一片愁云惨淡的金融海啸之中，机会还是很多，关键看你善不善于把握。只有真正会运用自己智谋的人，才能成为"乱世英雄"。

说"长"道"短"显奇效

所谓"王婆卖瓜，自卖自夸"，在推广自己的产品时，商家往往偏爱说"长"，不遗余力地宣传商品的优点，回避道"短"，刻意淡化其产品缺陷。有些商家却剑走偏锋，以其"短"衬其所"长"，取得奇效。

20世纪80年代，有一家杂志为了打开销路在北京报纸上做征订广告，它的广告语只有寥寥几句，既没有制造噱头大力包装自己的产品，也没有弘扬自己的"优良作风"全力宣传自己产品的与众不同。却反其道而行，特意检讨过去自己曾登过几篇不好的作品，并用最朴实无华的语言介绍自己刊物的特点。没想到这则平淡无奇的广告反而以它独特的诚实无欺的做法，打动了读者的心。广告刊出不久，就使这家期刊发行数量增加了几万份。

这一现象很快引起了香港几家报纸的关注，他们说："中国的广告风格，自然不能亦步亦趋仿效外国，而要建立起自己独特的风格。北京报纸所登某杂志征订广告，既说长也道短，实事求是的风格，不仅为期刊广告开了先河，甚至也可作为建立中国广告风格的一个基础。"

无独有偶，国内有家暖气片厂也别出心裁地采取此种宣传手法，他在广告上这样敬告用户的："我厂生产的暖气片尽管以总分94～99的成绩被评为全国第一，但仍存在不少问题。主要缺点有：万分之二的螺旋精度没有达到国际标准；千分之四的产品内膛清不净。请用户购买时，千万认真挑选，以免我们登门为您服务时耽误您的时间。"显然，这样诚心诚意的广告词打动了顾客，更打开了销路。因为广告用自我暴露的方法来体现厂家对产品质量的精益求精，对产品的真实无欺，以及服务至上的保证，这比那些一味吹捧自己的产品是"誉满全球""超一流水平""神奇的功效""最高境界"……更能令人信服，更易赢得顾客的厚爱。

　　相传我国古代有两家门对门的酒店在竞争，其中一家在门口贴出招贴，上面写道："本店以信誉担保，出售的完全是陈年好酒，绝不掺水。"而另一家的门口也贴出招贴："敝店素来崇尚诚实，出售的一概是掺水一成的陈年老酒，如不愿掺水者，请预先声明，但饮后醉倒概与本店无关。"

　　结果如何呢？不用说，也早见分晓了——前者"自夸自卖"，夸过了头，也失去了顾客的信任；后者"自贬自损"，自认酒中掺水，又风趣地肯定掺水的必要，让顾客愿意上钩，结果酒店生意格外兴隆。这就是用旁敲侧击的方法触动顾客的心弦，没有瞄准对方却达到了比预期更好的效果。

　　当然，物极必反，盈则必亏，即使说长道短，你也要把握好"度"，把握好人的心理倾向轨迹，这样才能有的放矢，收到意想不到的效果。否则，暴露自己的某项不足，却弄巧成拙，只能自取其辱、自断生路。

抓住对手关键处，一点击破

商场上劲敌如林，很多时候我们很难与之正面交锋。因为，有时候你越是跟强敌较劲，越能激发对方的凶猛攻势，最终只能使自己丧失主动权，陷入无休止的被动，变得连喘气的机会都没有。那么，应该如何对付强敌呢？"打持久战"是耗不起的，"打游击战"又没有那么多的"革命根据地"。所以，只能做"阻击战"，瞄准对方关键点，一击即中，彻底粉碎敌方的"大本营"。

《三十六计》中说："不敌其力，而消其势，兑下乾上之象。"也就是说，要避其锋芒，攻其弱点，消除敌方生存之根本，对方自然不攻而破，这就是"釜底抽薪"。这是现代经商赚钱中不可不知的一计。

20世纪90年代中期，戴尔公司发现，许多竞争厂商有一半以上的利润来自服务器。更严重的是，虽然他们的服务器是很好的产品，却为了补贴业务上其他比较不赚钱的地方而必须抬高定价。事实上，由于他们服务器的定价高得超乎常理，所以等于是把额外的成本转嫁给最好的顾客，从而暴露了自己的致命伤。1996年9月，戴尔公司以非常具有竞争力的价格，推出一系列服务器，整个市场为之震惊。这项野心勃勃的行动，重新建立了戴尔在服务器市场的地位。

戴尔公司凭借掏空竞争者的利润来源，削弱了他们在笔记本电脑、台式电脑等市场上以价格和戴尔公司对抗的能力。

进入因特网市场也是另一个让戴尔公司和竞争者大玩柔道的绝佳手段。对戴尔公司来说，网络是直接模式的最终延伸。但对许多采取间接模式的对手而言，进入网络市场是个两败俱伤的主张。对他们来说，直接交易终将导致通路上的冲突。他们的营运模式是以传统的产销者、代理商和经销商为基础，而不是与顾客直接发生交易关系。一旦原本采取间接模式的制造商开始与使用者直接对话，便会和本来是为自己销售产品的经销商产生竞争。这让戴尔公司很快就获得更多的青睐。假想一下，如果顾客想直接向制造商购买，还有什么方法比向直接销售的公司购买更好呢？

戴尔之所以能在市场上谋得"一方水土"，能在竞争中崭露触角，靠的就是"釜底抽薪"。直接攻击对手的"供给线"——"利润"，商家的利润要害如同蛇的七寸，掐断利润，也就相当于断了对方的"粮草"，使敌人惊慌失措，不攻自破。

当然，要想釜底抽薪，首先要知己知彼，充分了解对手的特点、优势，博取众家之长，弥补自己的缺点，推陈出新，以自己所具有的生产能力、生产工艺、生产技能，生产出市场上独一无二的适用产品。这样才能广销各地，受到消费者的欢迎。

20 世纪 50 年代，一个名叫鬼冢喜八郎的日本人，得知体育运动将会在世界范围内得到推广，便想从生产运动鞋上发财致富。然而，他一无资金，二无生产设备，如何与其他已有的运动鞋生产厂家竞争呢？

看来正面无法硬碰，只能另谋良策了。为了生产一双真正适合运动员穿的舒适的运动鞋，他走访了许多优秀篮球运动员，与他们一起打球，并亲身验证了目前篮球鞋的缺点：容易打滑，止步不稳，影响投篮的准确性。怎样扬长避短，生产出独具特色的运动鞋呢？鬼冢喜八郎昼思夜想，终于从鱿鱼触足上长着的一个三吸盘上受到启发，决定把平底改为凹凸底，以防止打滑。试验一举成功，鬼冢马上申请了专利，并投入生产。一上市，这种新型球鞋马上排挤了所有厂家的同类产品，人们争相购买，产品备受欢迎。

商场上不存在永远的强势和永远的弱势，弱势一方如果想跟强势一方争夺市场底盘，就不能正面硬碰，因为这样只会导致"大鱼吃小鱼，小鱼吃虾米"的结果。弱势一方要善于做一个狙击手，不断培养自己的敏锐触觉和目光，暗中瞄准劲敌的关键点，才能将之一击即中。还要不断提高自己，在博取众家之长的基础上，不断创新，顺从消费者的需求，这样才能在千变万化的市场竞争中，使自己的产品保持销售旺势，永远立于不败之地。

追随成功者，少走弯路

在商业经营活动中，所谓"人无我有，人有我优"，创新意识非常重要。但是还有另外一条重要的经验，那就是追随成功者的脚步，也更加容易获得成功。经营学认为，"他山之石，可以攻玉"，他人成功的经验也是自己的宝贵资源，可以大胆地加以利用。生命有涯，事业无限。人的伟大就在于能借助思维从间接经验中获得智慧。成功者的经验是宝贵的，尤其当我们的实力还不够强大，更少的失败往往就意味着成功。追随成功者，学习他们的成功经验，借别人的成功实践，防止自己没有必要的失败，是自己获得成功的捷径之一。要善于学习成功者，善于从已被实践反复证明的成功典型学习，甚至向对手学习。只有站得更高，才能看得更远。

　　1976 年以前，施乐公司一直保持着世界复印机市场垄断地位，但从这时候起，这家已经有近 40 年历史的公司开始遇到了全方位的挑战，一些新兴的复印机公司，特别是日本竞争者如佳能、NEC 等，以施乐公司产品的成本价销售自己的产品，却还是能够从中获利；尽管它们的开发人员比施乐少 50%，但它们的产品开发周期却比施乐短 50%。施乐必须面临的问题是，它的市场份额从 82% 直线下降到 35%。

　　面对残酷的竞争，施乐公司低下了高昂了几十年的头，发起向日本企业学习的运动。施乐公司让它的管理人员，通过全方位的集中分析比较，弄清这些新兴公司的运作机理，找出了施乐和这些主要对手之间的差距。在战略方面，从生产成本、周期时间、营销成本、零售价格等领域入手，全面调整经营战略、战术，改进业务流程。在运营层面，在提高交付订货的工作水平和处理低值货品浪费大的问题上，向交付速度比施乐快 3 倍的比恩公司学习，并选择 14 个经营同类产品的公司逐一考察，终于找出了问题的症结，并采取了积极措施，使仓储成本下降了 10%，年节省低值品费用数千万美元。很快地，施乐公司就收到了成效，把失去的市场份额重新夺了回来。

美孚石油公司是世界上最著名的公司之一。1992 年，它的年收入高达 670 亿美元，这比世界上大部分的国家的收入还高，真正是富可敌国。不过，美孚的进取心很强，它还想做得更好。因此，美孚管理人员在 1992 年初做了一个调查，询问了服务站的 4000 位顾客什么对他们是重要的，结果发现：仅有 20% 的被调查者认为价格是最重要的，而其余的 80% 则想要以下 3 件东西：一是快捷的服务；二是能提供帮助的友好员工；三是对他们的消费忠诚予以一些认可。他们认为，这些东西比价格更加重要。

很显然，尽管自己已经很成功，但是可以发展的空间仍然很大。论综合实力，美孚在石油企业里已经首屈一指了，但是从这 3 个方面来看，一定还有比自己做得更好的企业。于是，美孚公司组建了速度、微笑和安抚 3 个小组，在全美的 8000 个加油站中，去寻找速度最快、微笑最甜和回头客最多的公司，学习他们的成功经验。

这次行动十分认真和务实，经过一番努力，最后 3 个目标都找到了。速度小组锁定了潘斯克公司。"印地 500 汽车大赛"使用的是美国的"F1 赛车"，而潘斯克公司正是给"印地 500 汽车大赛"提供加油服务的。经过仔细观察，美孚的速度小组总结了潘斯克之所以能快速加油的绝招：这个团队身着统一的制服，分工细致，配合默契。而且潘斯克的成功，部分归功于电子头套耳机的使用，它使每个小组成员能及时地与同事联系。于是，速度小组提出了几个有效的改革措施：首先是在加油站的外线上修建停靠点，设立快速通道，供紧急加油使用；加油站员工佩戴耳机，形成一个团队，安全岛与便利店可以保持沟通，及时为顾客提供诸如汽水一类的商品；服务人员保持统一的制服，给顾客一个专业加油站的印象。

微笑小组则锁定了丽嘉－卡尔顿酒店作为温馨服务的榜样。丽嘉－卡尔顿酒店号称全美最温馨的酒店，那里的服务人员总保持招牌般的甜蜜微笑，因此获得了不寻常的顾客满意度。美孚的微笑小组观察到，丽嘉－卡尔顿酒店对所有新员工进行了广泛的指导和培训，使员工们深深铭记：自己的使命就是照顾客人，使客人舒适。微笑小组的管理人员，也以这种表现来要求他们的员工。自此之后，他们的脸上始终充满了微笑；在顾客准备驶进的时候，美孚的工作人员早就已经为他准备好了汽水和薯片。来这里加油的顾客，因此觉得自己受到了重视，都感到十分高兴。

安抚小组则成功学习了全美公认的回头客大王——"家庭仓库"公司的成功经验。他们从"家庭仓库"公司学到：公司中最重要的人是直接与客户打交道的人。没有致力于工作的员工，你就不可能得到终身客户。这意味着要把时间和精力投入到如何雇用和训练员工上。过去，在美孚公司，那些销售公司产品，与客户打交道的一线员工被认为是公司里最无足轻重的人。现在，领导者认为自己最重要的工作就是支持这些一线员工，使他们能够把出色的服务和微笑传递给公司的客户，传递到公司以外，以吸引更多的回头客。

经过这一番学习之后，美孚公司的收入取得了前所未有的高速度增长，从此之后，加油站的平均年收入每年都增长了 10%。

追随成功者并不是一句空洞的口号，而是要学习对方的战略着重点、管理、运营等诸多方面的成功经验。在这方面，施乐公司和美孚公司都做得十分出色。它们向其他企业学习经验，改善产品、服务和工作流程等。面对竞争者，它们并没有采取回避或退却的态度，而是明确与直接竞争者相比的相对优势和劣势，进而提出并实施改进方案。追随成功者，最终的目的是为了超过他们。

赢家通吃，兼并不能留情

市场竞争十分激烈，兼并则是竞争的白热化。市场兼并的目的就是优势兼并，强强联合，借势上市，打造商业"航母"，把对手击垮，吃掉对手，让自己在市场中占据绝对的优势。在兼并过程中，如果心慈手软，对弱者同情，就必定会贻误大好战机，致使对方羽翼丰满，成为自己前进路上最大的威胁。对对手任何的姑息和纵容，就相当于自寻死路。因此，在惨烈的商战中，尤其在兼并的时候，就必须让自己的心肠变得狠一些，手段变得辣一些，对生意上的竞争对手，毫不留情，这样才能确立自己在市场上的强势地位。

　　1906 年，林恩电气公司创始人吉姆斯·林恩决定挣更多的钱，他所想的办法是利用股市进行兼并。

　　林恩首先用现金购买了另一家电气工程公司，使林恩公司扩充了一倍，之后，公司的股票售价立刻扶摇直上。这时，林恩公司的股票在证券市场上稳定的声誉、日益看涨的行情，让其可以当作现金使用，而这样一来，林恩在购买其他公司时，就不必再动用现金兑现。于是，林恩又买下一家电子公司，改名为林恩电子公司，又收购了阿提克电子公司和迪姆柯电子公司。此时，这些新收购的公司的总营业额已高达 1500 万美元。

　　有了雄厚的资本作为后盾，林恩的胃口也越来越大。经过一番寻找，他的目光瞄准了休斯·福特股份有限公司。这是美国重要的飞机、导弹制造厂，因此也将是林恩一个强大的对手。一方面，林恩从证券市场公开收购；另一方面他则与公司一些股东私下议价交易，很快就取得了近 40% 的股权，成为休斯·福特公司（LTV 公司）最大的股东。这时，华尔街开始出现"集团企业"，"集团企业"的股票也成为当时最红的一种，而 LTV 股票更是其中的佼佼者。

　　林恩继续沿用股票兼并的绝招，不断地收购新的公司。为了让自己的企业王国更为壮大，林恩开始筹划吞并威尔逊公司。威尔逊公司是个庞大的集团企业，每年的营业额高达10 亿美元，这个数字是 LTV 公司的两倍。野心勃勃的林恩竟想收购它，看上去实在太不自量力了，但这次林恩又得手了。原来，与同行相比，威尔逊公司的股票股价偏低。这是因为威尔逊公司做法传统，它既不大做广告，也不在股市上抬高股价。经过初步估算，林恩认为用8000万美元就足以控制该公司的股权。于是，林恩以LTV公司所持有的股票做抵押，从银行借贷8000万美元，买下了威尔逊公司的股票。从此，威尔逊成为LTV的一部分。但与此同时，LTV公司却也因此背上了8000万美元的巨额债务。于是林恩又将大部分的债务转移到威尔逊公司的账下，使威尔逊公司变成了债务人。然后，又将威尔逊公司分成3个子公司，再让这3家公司独立发行各自的股票。这3家新公司的大部分股权属于LTV，其余的向公众发行。发售新股所收到的股金，正好偿付了林恩从银行借贷的8000万美元。就这样，林恩几乎没花一分钱，就把庞大的威尔逊公司占为己有。这种令人叫绝的兼并高招令华尔街的同行自愧弗如。

英国壳牌石油公司创始人塞缪尔任伦敦市长之后，他的两个长期竞争对手——美国标准石油公司和荷兰皇家石油公司，对壳牌石油公司发动了收购攻势。

这两家公司一直对壳牌石油公司虎视眈眈。当初，标准石油公司就已经下了很大的决心，要把这个在世界各地市场都很危险的闯入者收买过来。为此，洛克菲勒标准石油公司的中间代理商和塞缪尔秘密接触，并表达了自己的想法。塞缪尔对此一笑置之。

几乎同时，荷兰皇家石油公司总裁达特汀也来找塞缪尔了，并直截了当地提出购买部分股份的要求，塞缪尔说："我是绝不会出卖公司的股份的。不过，介绍您的雷恩曾提出，让我们和罗斯查联合起来，共同组成亚洲输出石油的贩卖公司，我们想邀请您参加。"达特汀一口答应下来。达特汀认为，要想对付美国的标准石油公司，必须要和英国的石油业联合起来。他先和壳牌石油公司联合，以便削弱标准石油公司的实力，然后将标准石油公司赶出欧亚市场。

但是，当塞缪尔市长任满，继续亲自经营他的公司之后，世界石油业的局面又有了很大的变化。当时，世界石油贸易开始衰退，标准石油公司和壳牌公司有了不同的境遇：标准石油公司不断削价以求生存，而壳牌公司的油轮却开始停航；标准石油公司在欧洲取得了新进展，而壳牌石油公司则被撵出了德国。事已至此，局面就不能以塞缪尔的意志为转移了。无奈之下，塞缪尔不得不以屈辱的条件，同达特汀讨论全面合并：两家合并而成为"皇家荷兰壳牌公司"，达特汀拥有新公司的60%股份，而塞缪尔只拥有40%，总经理由达特汀担任。

合并后，新的石油巨人诞生了，并开始在新的起点上与美国争夺石油王国的金矿。1912年，皇家荷兰壳牌公司在加利福尼亚等州先后设立子公司，直捣美国本土。几年以后，皇家荷兰壳牌所行销的石油，已经有一半是从美国本土上开采出来的。到了1927年，皇家荷兰壳牌公司把洛克菲勒的埃克森公司从"世界石油大王"的霸主地位上拉了下来。

由起初的股市弄潮儿成长为华尔街的风云人物，林恩不愧是股票大王。他不断地收购新公司来扩充自己的公司，而公司的股票像滚雪球一样迅速膨胀。正是因为看到了兼并所能带来的巨大利润，所以他才敢于、也愿意用这种方法来扩大自己的实力。同样地，塞缪尔所面临的问题是自己的优势不够明显，因此只有通过和对方的相互合作来壮大实力，这样才能做大做强。对于处于商场竞争中的经营者来说，兼并时绝不能手软。

以快打慢，先人一步占市场

在商业竞争中，时间就是效率，时间就是生命，一旦落后于人，就会面临失败的危险。在商业经营中，如果能够领先一步，开发出一种新产品，就能控制住有利局面，保持垄断性的地位。主动权意味着过人一等的战略头脑，必然会带来辉煌的胜利。经营者只有紧紧跟随时代潮流，及时调整经营思路，以超前的意识做出明智的选择，才能使自己长久地在竞争中拥有主动权，趋利避害，在新的领域不断取得新的胜利。即便是那些暂时很弱小的企业，只要在一定的领域内掌握主动权，以快打慢，也能化劣势为优势，改变弱小的不利现状，让自己的经营更加灵活、更有成效。

微软创始人比尔·盖茨曾经指出，在电脑软件竞争激烈的市场中，如果你一打盹，那么成功的机会转眼即逝。因此，每当公司处于重大危机关头，他总是能抢在别人前面，断然出击，获得了成功。

1982年，新成立的莲花软体公司推出了"莲花1-2-3"软件，将为那些不能使用电子表格的客户提供帮助，推出之后，广受市场好评。面对这一挑战，1983年9月，盖茨把微软最高决策人物和软件专家召集到西雅图的汇狮宾馆，开了整整3天的秘密会议。会议的宗旨，就是尽快推出世界上最高速的电子表格软件，这一计划称为"多元计划"。年轻的工程师克郎德主动提出负责这套软件的设计。从不论资排辈的盖茨，将机会给了克郎德。他们在会议上透彻地分析和比较了"莲花1-2-3"和"多元计划"的优劣，议定了新的电子表格软件的规格和应具备的特性。从最后确定的名字"超越"中，谁都能看出盖茨设计这套电子表格软件的意图。

但是，事实发展得出乎人们意料。1984年元旦，苹果公司推出了以独有的图形"窗口"为用户界面的个人电脑，乔布斯将其命名为"麦金塔"。相比较盖茨的IBMPC个人电脑来说，"麦金塔"具有更加友好的用户界面，因此更受市场的欢迎。而这时，克郎德和他领导的程序设计师们经过几个月的埋头苦干，已经使"超越"电子表格软件初见雏形。但是盖茨却正式通知克郎德放弃IBMPC个人电脑"超越"软件的开发，转向为苹果公司"麦金塔"开发同样的软件。

而此时的莲花公司在"莲花1-2-3"的基础上乘势推出了"交响乐"软件，拼装了文字处理和通讯、表、库、图、文，五位一体，堪称集成软件文字大全。它也正为"麦金塔"电脑开发软件，名为"爵士乐"。形势空前严峻，为了进一步抢占市场，盖茨加快了"超越"的研制步伐，抢在"爵士乐"之前吹响"超越"的号角。1985 年 5 月的一天，盖茨一行来到纽约举行"超越"新闻发布会，乔布斯亲临现场讲话以示支持。此后，苹果公司的麦金塔电脑大量配置了"超越"软件。这无疑是一次"天作之合"，而莲花公司的"爵士乐"却慢了 5 个星期，正是这 5 个星期决定了它失败的命运。到 1987 年时，市场报告表明："超越"以 89% 的市场份额，远远超过了"爵士乐"6% 的市场份额。

金·坎普·吉列的美国公司以生产男性剃须刀为主，在世界市场上占有相当大的份额，世界上约有一半的男人在使用他的产品，使他收获了巨额利润。

但是吉列的创业之路却很不顺利。他从 16 岁失学开始走入社会谋生，一直到 40 岁为止，都是一个四处奔波的小推销员，其辛苦可想而知。他自己也一直在不断地寻找机会，后来，他发现男人使用的剃须刀很不方便，便灵机一动，想要发明一种很好使用的新型剃须刀。吉列立刻开始行动，潜心地待在家研制起他的刀片来。经过日夜努力，他的新型剃须刀终于发明成功了。1901 年，吉列终于结束了他 24 年推销员的生涯，创建了吉列保险剃刀公司。

1902 年，吉列终于开始批量生产自己研制出来的新型剃须刀。可没想到，在一年的时间里，这种产品总共才销出刀架 51 个、刀片 168 片。对这样的销路，吉列一度百思不得其解。后来，他经过反复的思考，找到新型剃须刀滞销的症结之后，采取了两个步骤：一是把新型剃须刀作为一种

"用完即扔"的产品来看待，这在当时是一种全新的思路。凡是购买新型剃须刀的，一律免费赠送刀柄。这一措施推出后，公司的销售额果然直线上升。同时，通过大量有效的广告宣传，吉列一步步打开了新型剃须刀的消费市场。经过8年的市场推销和从不间断的广告宣传，吉列的安全剃须刀终于在美国广大消费者心中占据了一席之地。

正当吉列信心倍增，准备进一步扩大生产规模和拓宽销售市场的时候，第一次世界大战爆发了，美国是参战国之一。为了向世人展示美国军队的整齐与威严，美国政府特别重视士兵的军容和仪表，而整理仪表，士兵们就需要剃须刀，而传统的剃须刀携带很不方便，还常常让人刮破脸。吉列抓住这个大好时机，和政府达成协议，以特别优惠的价格大批量向政府提供安全剃须刀，通过政府发给每一位士兵。吉列的这一抢占先机的举动不仅成倍地增加了公司产品的销售量，更重要的是固定了特定和潜在的消费群。战争期间，士兵们保持着刮胡须的习惯，战争结束后，他们将这种习惯带回国内，影响着周围的人，使用新型剃须刀的人越传越多，吉列剃须刀对人们生活产生的影响也就越来越大。

战后，美国工商业发展呈现一派繁荣的景象。各大商店为招徕顾客、引起消费者好感，纷纷向顾客赠送礼物，礼物多为一些小礼品、小饰物等。这逐渐形成一种风气。吉列又以商人特有的敏锐目光，率先抓住这一有利商机，在各报刊上大做广告，把新型剃须刀当作最佳赠品来宣传。当人们纷纷向商店询问这种赠品的时候，吉列就乘机把剃须刀以低廉的价格批发给商店，得到赠品的人们也就成为吉列的潜在顾客，因为他们还需要不断地购买刀片来替换。

此后，在吉列已经创立 100 多年的历史中，吉列始终注意抢占市场先机，先发制人，它们还陆续开创了许许多多的行业第一：剃须刀架（1946 年）、双刀剃须刀（1971 年）、旋转头剃须刀（1977 年）、弹簧剃须刀（1990 年）以及“锋速 3”剃须刀。2004 年 12 月，吉列公布其最新的剃刀——女用 Venus Vibrance 剃刀。直到今天，吉列依然在不断地推陈出新，不失时机地抢占其他市场。现在，吉列已经不单单生产剃须刀，而是生产个人家庭用品系列产品，不论男女，都是它的目标顾客，无分老幼，但作为吉列的最重要产品，剃须刀带来的赢利是无法估算的。

市场瞬息万变，最具有现代产品性质的电脑软件更是一种时间性极强的产品，谁能尽快地把握形势、抢占先机，谁就是胜利者。微软之所以能够发展如此迅速，在很大程度上就是事事为人先的结果。剃须刀尽管是小产品，但是市场却很广大。吉列在世界经营剃须刀片的过程中能够坚持产品创新的决策，屡屡抢占先机，先发制人，其成功自然也是顺理成章。

第十二章

最高境界是方圆变通：

做个"好意思"的达人

方中有圆，圆中有方

方中有圆，圆中有方，是为人的因果律，又是大自然的法则。《易经》中说："天行健，君子以自强不息。"又有："地势坤，君子以厚德载物。"在这里，圆，象征着运转不息、周而复始的天体；方，象征着广大旷远、宽厚沉稳的地象。

晚清重臣张之洞就是一位善用方圆之道处世的名人。

张之洞少年时很聪慧，他身形似猿，传说为将军山灵猿转世；榜中探花，历任湖北、四川学政，山西巡抚，两广、湖广、两江总督，官至体仁阁大学士、军机大臣。在晚清风雨飘摇的政局中，他提出"中学为体、西学为用"的方略，办实业、造枪炮、勤练兵，为晚清王朝呕尽最后一滴血。

张之洞可算是一位性格刚烈、铁骨铮铮的人，然而他办事却很圆融。在他就任山西巡抚时，当时泰裕票号的孔老板表示要送一万两银子给他。张之洞婉言谢绝了孔老板的好意。可是当他考察了当地的情况之后，发现山西受罂粟的荼毒很是严重，于是决心铲除山西的罂粟，让百姓重新种植庄稼。而改种庄稼需要一笔费用，但山西连年干旱、欠收，加上贪官污吏的中饱私囊，拿不出救济款发放给老百姓。这时，他第一个想到的就是孔老板。

他想，如果说服孔老板把银子捐出来，为山西的百姓做善事，以银子换美名，他或许会同意。经过商谈，孔老板表示愿意捐出五万两银子，但必须满足他的两个条件：一是让张之洞为他的票号题写一块"天下第一诚信票号"的匾；二是要捐个候补道台的官衔。

刚开始张之洞觉得孔老板的这两个条件都不能答应，因为自己对他的票号一无所知，又怎么能说它是天下第一诚信票号呢？另外，他认为捐官是一桩扰乱吏治的大坏事。可是不答应他，又到哪里去弄五万两银子呢？

经过反复思考，张之洞决定采用折中迂回的手段，答应为孔老板的票号题"天下第一诚信"的匾，这六个字意味着：天下第一等重要的美德就是诚信二字，并不一定是说他们泰裕票号的诚信就是天下第一。

至于他的第二个要求，张之洞最后给自己找了一个台阶：一来，捐官的风气由来已久，不足为怪；二来，即使孔老板做了道台也不过是得了个空名而已。再者按朝廷规定，捐四万两银子便可得候补道台。于是，张之洞以这种退让的方式为山西百姓募来了五万两银子，可谓造福一方。

其实，张之洞在官场上也深得"妥帖"之要义，他把王之春从广东调到湖北这件事就做得相当漂亮。张之洞到湖北以后，想大兴洋务，但缺少得力的助手。这时，恰好湖北藩司黄彭年去世了，空出了职位。于是，他就想推荐自己的心腹去那里任职。

张之洞觉得现任广东臬司的王之春比较合适。王之春是张之洞在广东时一手提拔起来的，他对张之洞自然是忠心耿耿，感恩有加。但张之洞考虑问题又多了一层：现在要把王之春调来，就应该为广东物色一个合适的藩司人选，这样，王之春调来湖北的把握才更大一点。

幕僚提出不妨推荐湖北臬司成允去广东做藩司，这样有两个好处：一是成允是现在军机处领班礼亲王世铎的远亲，世铎一定愿意帮助成全他，他自己京师门路也很熟；二来又可腾出湖北臬司一职，又多了一个帮手。这样在湖北办洋务力量就更强了。

经过张之洞的运作，王之春很快调到湖北，而成允则调去广东做藩司。接着，张之洞又让赋闲在家的陈宝箴当上臬司。这样一来，方方面面都被张之洞摆布得妥妥帖帖、皆大欢喜了。

孔子在《论语》里称赞史鱼说："直哉！史鱼。邦有道如矢，邦无道如矢。"意思是说不管环境如何，无论社会动乱还是安定，他的言行永远都像箭一样，尖锐而正直。我们不要曲解孔子的话，"直哉"是说一个人做人要心地方正、端直，不可以圆滑，但处世要圆融，要注意方式方法。说话办事也直来直去，别人就接受不了，事情也没办法办成。

《易经》中也反复强调"天圆地方"，众人为天，天圆就是处世要圆融，要有智慧；心田为地，地方就是心地方正，要有操守。

应对自如才能游刃有余

人们普遍认为，处理人际关系太复杂、太难了。其实，这是一道难者不会，会者不难的题。只要你能够运用不同的思考模式去对待不同的事情，综合运用方圆之术灵活地处理与人的关系和与事的境遇，那么你将在人际交往中如鱼得水，轻松享受到惬意的生活和成功的人生。

有一次，曹操邀请刘备到府中做客。酒喝到半醉时，忽然阴云漠漠，骤雨将至。随从把天边挂着的"长龙"指给二人看，曹操借题发挥，便问："您知道龙的变化吗？"

刘备说："知道得不太详细。"曹操说："龙能大能小，能升能隐，大则兴云吐雾，小则隐身藏形；升则飞腾于宇宙之间，隐则潜伏于波涛之内。现在正是深春时节，龙能够顺应时节而变化，就好像人得志了纵横四海一样。龙作为动物，可用世上的英雄来作比方。您长期以来，游历四方，一定知道当世英雄。请您试着说说吧！"刘备说："我是肉眼凡胎，哪里能认得英雄呢？"曹操说："您就不要太谦虚了吧！"刘备仍然装糊涂："我得您的庇护，做了朝廷官员。天下英雄，真的不知道啊。"曹操说："那么，既然您不知道他的长相，也应该听到他的名字吧。"再装糊涂是没有办法了，这条路堵死了，刘备另装糊涂，于是举出淮南袁术、河北袁绍、刘表、江东孙策、益州刘璋、张绣、张鲁、韩遂等人，但一一被曹操否定。刘备只好说："除这些人之外，我实在不知。"

曹操说："所谓英雄，是指胸怀大志，腹有良谋，有包藏宇宙之机，吞吐天地之志的人啊！"刘备说："那么，谁能称作这样的英雄呢？"

曹操用手指指刘备，又指指自己，说："今天下英雄，只有您与我罢了！"

曹操看似不经意的话，其实不仅是一种试探，更包藏着杀机，且不说刘备正在曹操的府上，即使在外边，如果证实了曹操的推测，他也不会放过刘备的。

刘备大吃一惊，到底被曹操识破真面目了。那么，自己"放下身段"的招法是不是没有瞒过奸雄曹操呢？如果这时默认或辩解，都无济于事，慌乱之中，他手中的汤匙和筷子掉到地上。恰在此时，大雨将至，雷声隆隆，刘备随即从从容容、不动声色地俯下身子，捡起了汤匙和筷子，又不紧不慢地说："雷声一震竟有如此大的威力，我的匙筷都掉了。"

曹操笑着说："男子汉大丈夫也害怕雷吗？"刘备说："圣人见到迅雷风烈还变色哪，怎么能不害怕呢？"一句话就把听到曹操的话而吃惊落匙的原因轻轻掩饰过去。

曹操果然相信了刘备的话，认为他打雷还要害怕，可见不是真英雄了，也就不再怀疑刘备了。

故事中，刘备寄人篱下，还不具备与曹操对抗的实力的时候，巧借雷声，灵活地应对了曹操试探，还让曹操以为他是一个胆小怕事之人，从而使曹操放松了对他的戒备，也才成就了后来的蜀汉。

不仅仅是中国的刘备，古罗马的塞维罗也是凭借这一点，使自己在政治斗争中掌握了局势，最终主宰了整个罗马帝国。

公元 222 年至 235 年间，古罗马的帝王因昏庸无能，激起了人民的不满，被大将塞维罗推翻，塞维罗当了新一代罗马大帝。

此时，塞维罗要主宰整个帝国，面临两大困难：一是尼格罗已在亚洲称帝；二是阿尔匹诺正在西方建立自己的政权。塞维罗知道，此时，他如以习惯性的思考模式去对待尼格罗和阿尔匹诺，就只有进军一途，坚决地消灭他们。但是，这两者的势力太大了，如不知进退，将是十分危险的。

于是，他决定动用不同的思考模式，采取灵活应变的方法去对付这两大强敌：对于西方的阿尔匹诺，他用退一步的方法，以赐给"恺撒"的称号来稳住他；对于亚洲的尼格罗，他则用突袭的方式予以剿灭。

最后，塞维罗如愿以偿，达到了他主宰罗马帝国的目的，而且还在法国活捉了被他赐封过的阿尔匹诺。

足见，机智灵活，应对自如，往往可以帮我们逢凶化吉，赢得控制权，甚至保全性命。这就要求我们平时就要培养自己的方圆意识，学习方圆之道，该方时方，该圆时圆，面对一切境遇都能应付自如，游刃有余。

方圆合璧让你无往不利

外圆内方的处世哲学是中国传统文化的重要组成部分，也是正确处理各种关系的有效方法。方是对原则的遵循，对道德标准的维护；圆是思路的变通，是手段的灵活。

人们处在各种关系之中，方圆之道是其安身立命、杀出重围的重要途径。特别是在与地位较高的人相处时，更要掌握方圆之道。

其实，清朝才子纪晓岚并没有我们想象中的风流倜傥，据史书记载，纪晓岚"貌寝短视"。所谓"寝"，就是相貌丑陋；所谓"短视"，就是近视眼。另外，跟纪晓岚交游数十年的朱珪有诗描述纪晓岚：

> 河间宗伯姹，口吃善著书。
> 沉浸四库间，提要万卷录。

看来，纪晓岚还有口吃的毛病。当然，纪晓岚既然能通过各层科举考试，其间有审音官通过对话、目测等检查其形体长相以及说话能力，以免上朝时影响朝仪"形象"，应该不至于丑得没法见人。

其实，乾隆对身边近臣的标准是不但要求这些人机警敏捷、聪明干练，而且要相貌俊秀。例如和珅、王杰、于敏中、董诰、梁国治、福长安等人都是数一数二的"美男子"，故而得到重用，而纪晓岚如此丑陋，如何能够得到有此怪癖的皇帝的真正重用呢？因此，有人说，纪晓岚只不过是乾隆豢养的文学词臣而已。但是这位"词臣"却以他自己的处世方式在乾隆、嘉庆时期走上高位，并名留青史，成为文化巨人。

究其原因，这不仅仅是由于纪晓岚主持编著了伟大的《四库全书》，或者多年主持科举考试，对乾隆朝贡献重大，更因为他懂得方圆处世之道，因此能在乾隆帝对宠臣的怪癖要求中，自在地做事。有一个故事即可证明纪晓岚的这种处世方法。

有一次，乾隆皇帝想开个玩笑以考验纪晓岚的辩才，便问纪晓岚："纪卿，'忠孝'二字作何解释？"

纪晓岚答道："君要臣死，臣不得不死，是为忠；父要子亡，子不得不亡，是为孝。"

乾隆立刻说："那好，朕要你现在就去死。"

"臣领旨！"

"你打算怎么个死法？"

"跳河。"

"好吧！"

乾隆当然知道纪晓岚不可能去死，于是静观其变。不一会儿，纪晓岚回到乾隆皇帝跟前，乾隆笑道："纪卿何以未死？"

"我碰到屈原了，他不让我死。"纪晓岚回答。

"此话怎讲？"

"我走到河边，正要往下跳时，屈原从水里向我走来，他说：'晓岚，你此举大错矣！想当年楚王昏庸，我才不得不死；可如今皇上如此圣明，你为什么要死呢？你应该回去先问问皇上是不是昏君，如果皇上说他跟当年的楚王一样是个昏君，你再死也不迟啊！'"

乾隆听后，放声大笑，连连称赞道："好一个如簧之舌，真不愧为当今的雄辩之才。"

这就是纪晓岚，这就是纪晓岚的处世智慧，他一生经雍正、乾隆、嘉庆三朝，六十岁以后，五次出掌都察院，三次出任礼部尚书。他逝世以后，筑墓崔尔庄南五里之北村。朝廷特派官员到北村临穴致祭，嘉庆皇帝还亲自为他作了碑文，极尽一时之荣耀。

世界上有两种类型的思想，一种以"方"为代表，好比刺猬，以不变应万变；另一种以"圆"为代表，好比狐狸，遇事灵活。这两种思想可谓是优劣参半，其实将方圆合璧才是智者所为，毕竟方圆不仅是一种手段，更是一种层次。

大而言之，方是做人的底气，圆是成事的方法。将方与圆双剑合璧的人，才是能够纵横捭阖、任意挥洒的"武林"高手。

该刚则刚，当柔则柔

刚柔相济是一种顺畅处世的管理方法，它可使激烈的争论停下来，也可以改善气氛，增进感情。

下面这个例子是日本著名企业家松下幸之助的故事。

有一次，部下后藤犯下一个大错。松下怒火冲天，一面用挑火棒敲着地板，一面严厉责骂后藤。骂完之后，松下注视着挑火棒说："你看，我骂得多么激动，居然把挑火棒都扭弯了，你能不能帮我把它弄直？"

这是一句多么绝妙的请求！后藤自然是遵命，三下五除二就把它弄直了，挑火棒恢复了原状。松下说："咦？你的手可真巧呵！"随之，松下脸上立刻绽开了亲切可人的微笑，高高兴兴地赞美着后藤。至此，后藤一肚子的不满情绪，立刻烟消云散了。更令后藤吃惊的是，他一回到家，竟然看到了太太准备了丰盛的酒菜等他。"这是怎么回事？"后藤问。"哦，松下先生刚来过电话说：'你家老公今天回家的时候，心情一定非常恶劣，你最好准备些好吃的让他解解闷吧。'"

此后，后藤自然是干劲十足地工作了。

松下幸之助不愧是著名的管理者，批评后藤刚柔并济，自己一直掌握着主动权，既让后藤甘心改过，又让后藤在今后的工作中干劲十足，真是妙啊！

不只在日本，在我国古代，极具智谋的军师诸葛亮，也深谙刚柔并济的成功之道。

前秦时苻坚于公元 357 年即位后，任用汉人王猛治理朝政，富国强兵，在近二十年的时间内，先后攻灭前燕、仇池、代、前凉等割据政权，占领了东晋的梁、益两州，把整个黄河流域和长江、汉水上游都纳入了前秦的控制。为了争取支持者，他对各族上层人物极力优容和笼络，如鲜卑族的慕容垂、羌族的姚苌，都毫不见疑地委以重任。对苻坚这一做法，谋臣王猛曾多次劝说苻坚对那些异族重臣要有所制约，甚至他还不止一次利用机会，设法除掉这些人。但苻坚迷信自己对他们的恩义，阻止他这么做。

在鲜卑贵族慕容垂、慕容泓相继谋反后，苻坚面责仍在自己手中的原前燕国主慕容玮说"卿欲去者，朕当相资。卿之宗族，可谓人面兽心，殆不可以国土期也。"在慕容玮叩头陈谢之后，他又说："《书》云，父子兄弟相及也。……此自三竖之罪，非卿之过。"但是，慕容玮并未为苻坚这一套所感化，在暗中仍企图谋杀苻坚来响应起兵复国的慕容氏鲜卑贵族，后来阴谋泄露才被苻坚擒杀。苻坚这才后悔不听王猛的忠谏，但这时大局已无法挽回了。

公元214年，刘备夺取四川后，诸葛亮在协助刘备治理四川时，立法"颇尚严峻，人多怨叹者"，当地的官员法正提醒诸葛亮，对于初平定的地区，大乱之后应"缓刑弛禁以慰其望"。诸葛亮认为自己的做法并没有错，他对法正说，四川的情况，与一般不同。自从刘焉、刘璋父子守蜀以来，"有累世之恩，文法羁縻，互相奉承，德政不举，威刑不肃。蜀土人士，专权自恣，君臣之道，渐以陵替"。现在如果我用在他们心目中已失去价值的官位来拉拢他们，以他们已经熟视无睹的"恩义"来使他们心怀感激，是不会有实际效果的。所以，我只能用严法来使他们知道礼义之恩、加爵之荣，"荣恩并济，上下有节，为治之要"。

这正如曾国藩所指出的：人不可无刚，无刚则不能自立；人不可无柔，无柔则不可亲。太刚则折，太柔则靡。不能自立也就不能自强，不能自强也就不能成就一番功业。刚就是一个人的骨头，是使一个人站立起来的东西。刚是一种威仪，一种自信，一种力量，一种不可侵犯的气概。由于有了刚，那些先贤们才能独立不惧，坚韧不拔。刚就是一个人的骨头。人也不可无柔，无柔则不亲和，不亲和就会陷入孤立，四面楚歌，自我封闭，拒人于千里之外。柔就是使人站立长久的东西，是一种魅力，一种收敛。

现在，你应该明白"该刚则刚，当柔则柔"的智慧大道了吧？

圆通，无伤害地实现目的

生存在复杂的现实社会中，圆通是一种处世哲学，虽不高深，却并非人人皆可悟其精义，得其要领。因为处世圆通，不但须要阅历与智慧，而且要有善和稀泥之技。

时代与时代不一样，为官之道也是有所区别的，房玄龄能做二十年的太平宰相，一生极尽荣宠，关键还在于那是个和平年代，稳定的政治环境为他施展自己的抱负提供了充分的机会。倘若一个人处在"城头变幻大王旗"的乱世，那么忠侍一主则极有可能被时代无情地吞噬掉。俗话说"乱世宜用重典"，有"心机"的人应该知道乱世要学学圆通的智慧。

清末民初的官场上，徐世昌就是一位深谙此道的"教父级"人物。

徐世昌是 1905 年入值军机处的，在军机处，他仍行"中庸"的做官之道。

军机大臣当时是庆亲王奕劻，他与袁世凯关系密切，当时与奕劻和袁世凯对立的是瞿鸿机。瞿鸿机在其任期内做了三件大事：

一是否决了袁世凯欲推奕劻任总理组阁的建议；

二是赞同新设立的陆军部收回北洋六镇；

三是弹劾奕劻父子收贿纳妾，向慈禧建议解除其军机大臣之职，举醇亲王载沣以代之。

瞿鸿机与袁世凯、奕劻对立，对徐世昌却颇有好感，他"独信徐世昌，谓其谨厚"。另一位军机大臣鹿传霖，又以乡谊与徐世昌亲近，因此徐世昌在军机处颇为得意。

徐世昌与瞿鸿机亲近，与袁世凯更近，在清末著名的"丁未政潮"中，岑春煊对慈禧痛言奕劻贪黩误国，要求罢免奕劻，但后来奕劻却保住了自己的权位，还与袁世凯一起反击，结果岑春煊被罢职。

袁世凯在给两江总督瑞方的密信中说："幸大老（奕劻）平时厚道，颇得多助，复出此内外夹攻之厄。伯轩（世续）、菊人（徐世昌）甚出力，上（慈禧）怒乃解。"由此不难看出，徐世昌为保奕劻是出了大力的。

徐世昌不得罪奕劻，也不得罪瞿鸿机。奕劻与瞿鸿机暗斗，奕劻总想把瞿鸿机挤出军机处，袁世凯对瞿鸿机亦早有不满。奕、袁二人商议，以瞿鸿机当时兼领外务部尚书为由，派他出洋，他自然无法推卸，只能启程离京。但奕劻、袁世凯让徐世昌在军机处提出此议，这下子，徐世昌为难了。瞿鸿机听了徐世昌的话，一下子就明白了，他说："我老了，不能远涉重洋，还是让年富力强的人去吧！"徐世昌随机应变，立即改为自请成行，给了瞿鸿机一个台阶下。瞿鸿机由此对徐世昌十分感激。

后来，徐世昌见上层斗争太激烈，难以应付，就请调东北三省总督，避开了官场激烈斗争的漩涡。这不失为明智之举。

做人难，难做人。生活在这纷繁的世界，做人真的很难，要做到人人喜欢更难。综观世界历史，大凡能成就伟业者，无不深谙方圆之道，知道做人何时应该进，何时应该退，何时应该发脾气，何时应该深藏不露。

那些成大事者，多方圆通达，在危难时刻总能把做人的机智发挥得淋漓尽致。处在乱世时，态度一定要圆通；假使处于末世，就要方圆并用了。这是因为在太平盛世时，大道得以通行无阻，所以可以放心地依道而行；但如果身逢乱世，眼见正道不再通行，做人就要圆通一些，以免替自己招来不幸。方正的言行，原是无可厚非的，但在动荡不安的时候，还不晓得明哲保身，而陷身于危境，就未免太不明智了。

人在屋檐下，怎能不低头

低头的瞬间，成就了自己。学会低头，把你与外界的对抗降到最小，这样才能保证你顺利突围。

俗话说："人在屋檐下，不得不低头。"前人洞彻世事人情，看透了人间的冷暖，留给了我们这样深刻的做人道理：只要你在别人的势力范围之内，或者需要依靠别人的力量来发展自己，那你就一定要学会忍耐，学会迁就，绝不能因为一时受了委屈就跟别人大吵大闹，争论其中的是非曲直。

躲在别人的屋檐下，就要学会低头。在别人的势力范围内，我们会受到很多有意无意的排斥和不明就里、不知从何而来的欺压，这些都是不可避免的。

《红楼梦》里的林黛玉，虽然是生活在舅舅家，外祖母又分外疼她，可她还会有"一年三百六十日，风刀霜剑严相逼。明媚鲜妍能几时，一朝飘泊难寻觅"这样的感慨。说到底很多人都会有类似的处境。除非你有自己的一片天空，到哪都有自己的家，不用靠别人来过日子。可是你能保证你一辈子都可以如此自由自在，不用在"屋檐"下躲避风雨吗？既然没有办法保证自己的未来，没有能力去开辟属于自己的一片天地，那么我们只能选择低头，选择适应和迁就。

为人处世学会低头，是为了保存自己的力量，以便走更长远的路，把不利的环境转化成对己有利的力量。低头是处世的一种柔性，是一种高明的生存智慧。

隋朝的时候，隋炀帝十分残暴，各地农民起义风起云涌，隋朝的许多官员也纷纷倒戈，转向农民起义军。隋炀帝的疑心很重，对朝中大臣，尤其是外藩重臣，更是易起疑心。唐国公李渊（即唐高祖）曾多次担任朝廷和地方官，每到一处，悉心结识当地的英雄豪杰，多方树立恩德，因而声望很高，许多人都来归附。这样，大家都替他担心，怕他遭到隋炀帝的猜忌。正在这时，隋炀帝下诏让李渊到他的行宫去晋见。李渊因病未能前往，隋炀帝很不高兴，多少有点猜疑之心。当时，李渊的外甥女王氏是隋炀帝的妃子，隋炀帝向她问起李渊未来朝见的原因，王氏回答说是因为病了，隋炀帝又问道："会死吗？"王氏把这消息传给了李渊，李渊更加谨慎起来。他知道自己迟早会为隋炀帝所不容，但过早起事又力量不足，只好缩头隐忍，等待时机。于是，他故意广纳贿赂，败坏自己的名声，整天沉湎于声色犬马之中，而且大肆张扬。隋炀帝听到这些，果然放松了对他的警惕。如果当初李渊不学会低头，很可能就被隋炀帝杨广送上断头台了。

在中国历史上，政治斗争、军事斗争乃至权力斗争极其复杂，有时更是瞬息万变，所以，忍受暂时的屈辱，低头磨炼自己的意志，寻找合适的机会，也就成了成功者必不可少的心理素质。所谓"尺蠖之曲，以求伸也，龙蛇之蛰，以求存也"，正是这个意思。

低头的瞬间，成就了自己。学会低头，把我们与外界的对抗降到最小，这样才能保证我们顺利突围。所以，我们主张：不要等到别人来提醒，也不要等到抬起的头撞到了屋檐才因为疼痛而低下头去，只要是在别人的屋檐下，就一定要低头。

自嘲是智慧的体现

鲁迅有首叫《自嘲》的诗："运交华盖欲何求？未敢翻身已碰头。破帽遮颜过闹市，漏船载酒泛中流。横眉冷对千夫指，俯首甘为孺子牛。躲进小楼成一统，管他冬夏与春秋。"他满篇都在嘲笑自己，除了嘲笑自己，也让别人笑他很窝囊：交了倒霉运怎还会想有顺心事，躺在床上连身都不敢翻一下倒把头给碰到墙上。因此，上大街低低压下破帽遮住脸，唯恐被人看见，招来不测的横祸⋯⋯

倒霉又窝囊的男人样子立即跃然纸上，然而就是这种自嘲的精神，促使他时刻清醒，时刻进步，最终成为一代文学家和思想家，得到了一代又一代人的尊敬和仰慕。由此可见，自嘲对于我们的成长有着重要意义。

可是，当代的年轻人，很多人自命不凡，他们只希望别人看到他们的长处，而不愿意听到任何的嘲笑和批评，当然也就不屑于自嘲。可是，真正懂得自嘲的人，才更能清醒地认识自己，敢于放弃孤傲，放弃本身的优越，而始终让自己站在最低点上。

有一个作家虽然才华横溢，但是经常用他的三寸不烂之舌讥讽别人，可是他还是得到很多人的喜爱，因为他也常在恰当的时候讥讽自己。比如有人说他的书风格比较狭隘，看得出他见识不多，像井底之蛙。他听到以后，自嘲了一句："您太抬举我了，我哪是井底之蛙啊，我充其量就是井底一只蛤蟆。"

自嘲，是大智慧，有利于化解冲突。任你以千钧之力，迎面劈来，奈何人家并不接招，轻轻一带，让你如坠棉絮，无法施展。这才是应对的高手绝招。理同太极，柔中带刚，看似轻柔却威力无比，用的是四两拨千斤的内功和巧劲。

1915 年，丘吉尔还是英国的海军大臣。不知他是心血来潮，还是什么原因，突然要学开飞机。于是，他命令海军航空兵的那些特级飞行员教他开飞机，军官们只好遵命。

丘吉尔还真有股韧劲，刻苦用功、拼命学习，把全部的业余时间都搭上了，负责训练他的军官都快累坏了。丘吉尔虽称得上是杰出的政治家，但操纵战斗机跟政治是没什么必然联系的。也可能是隔行如隔山吧，总之他就是对那么多的仪表搞不明白。

有一次，在飞行途中，天气突然变坏，一段 25 千米的航程竟然飞了 3 个小时。

着陆后，丘吉尔刚从机舱里跳出来，那架飞机竟然再次腾空，一头撞到海里去了。旁边的军官们都吓得怔在那里，一动不动。

原来，丘吉尔忘了操作规程，在慌乱之中又把引擎发动起来了，望着眼前这一切，丘吉尔也不知所措，好在，他并没有惊慌，装作茫然不知似的，自我解嘲道："怎么搞的，这架飞机这么不够意思。刚刚离开我，就又急着去和大海约会了。"

自嘲在这时，化解了一场尴尬，让大家都把注意力转移到了笑话上，也就忽略了丘吉尔的糗态。

自嘲，以让别人笑自己，还是一种善意的宽容。抑己扬人，化干戈为玉帛，避免针锋相对互相伤害，还能最大程度地保有自尊和体面。自嘲，是自信，是优越，是善良，是宽容。它暗含"不值得计较"的潜台词。不论是对事还是对人，显示出的，或是一种见识的高度、处世的圆融，或是胸怀的包容、思想的成熟。

自嘲可以改善个人的处境，可以调节大家相聚欢悦的气氛，也可以化解矛盾，让彼此相处得更加和谐。自嘲是一种自我否定或肯定，也是一种勇于承认错误的表现。

如果我们都能以一种豁达的态度，智慧的幽默，勇于自嘲，善于自嘲，那么，人世间会少很多摩擦磕碰，多几分快乐与从容。

用刀剑去攻打，不如用微笑去征服

懂得对自己微笑的人，他的心灵天空将随之晴朗；懂得对别人微笑的人，将会拥有美丽的人生！

"我已经结婚18年多了，在这段时间里，从我早上起来，到要上班的时候，我很少对太太微笑，或对她说上几句话。我是最闷闷不乐的人。

"既然你要我对微笑也发表一段谈话，我就决定试一个礼拜看看。因此，第二天早上梳头的时候，我就看着镜子对自己说：'威尔森，你今天要把脸上的愁容一扫而空。你要微笑起来。现在就开始微笑。'当我坐下来吃早餐的时候，我以'早安，亲爱的'跟太太打招呼，同时对她微笑。

"现在，我要去上班的时候，就会对大楼的电梯管理员微笑着说一声'早安'。我以微笑跟大楼门口的警卫打招呼。当我跟地铁的出纳小姐换零钱的时候，我对她微笑；当我到达公司，我对那些以前从没见过我微笑的人微笑。

"我很快就发现，每一个人也对我报以微笑。我以一种愉悦的态度，对待那些满腹牢骚的人。我一面听着他们发牢骚，一面微笑着，于是问题就更容易解决了。我发现微笑带给我更多的收入，每天都带来更多的钞票。"

微笑是人的宝贵财富，微笑是自信的标志，也是礼貌的象征。人们往往依据你的微笑来获取对你的印象，从而决定对你所要办的事的态度。只要人人都露出微笑，办事将不再感到为难，人与人之间的沟通将变得十分容易。

现实的工作、生活中，一个人对你横眉冷对，另一个人对你面带笑容，他们同时向你请教工作上的问题，你更欢迎哪一个？显然是后者，你会毫不犹豫地对他知无不言、言无不尽；而对前者，你恐怕会以"闭门羹"待之。

一个人面带微笑，远比他穿着一套高档、华丽的衣服更吸引人注意，也更容易受人欢迎。因为微笑是一种宽容、一种接纳，它缩短了彼此的距离，使人与人之间心心相通。喜欢微笑着面对他人的人，往往更容易走入对方的天地。难怪有人说："微笑是成功者的先锋。"的确，如果说行动比语言更具有力量，那么微笑就是无声的行动，它所表示的是："你使我快乐，我很高兴见到你。"笑容是结束说话的最佳"句号"，这话真是不假。

面带微笑的人，就会有希望。因为一个人的笑容就是他传递好意的信使，他的笑容可以照亮所有看到它的人。没有人喜欢帮助那些整天愁容满面的人，更不会信任他们。很多人在社会上站住脚是从微笑开始的，还有很多人在社会上获得了极好的人缘也是从微笑开始的。

任何人都希望自己能给别人留下好印象，让别人产生好感，因为这样可以创造出一种轻松愉快的气氛，可以使彼此关系融洽。人要靠这种关系才可在社会上立足，而微笑正是打开愉快之门的金钥匙。

有人做了一个有趣的实验，以证明微笑的魅力。

他给两个人分别戴上一模一样的面具，上面没有任何表情，然后，他问观众最喜欢哪一个人，答案几乎一样：一个也不喜欢，因为那两个面具都没有表情，他们无从选择。

然后，他要求两个人把面具拿开，现在舞台上有两张不同的脸，他要其中一个人把手盘在胸前，愁眉不展并且一句话也不说，另一个人则面带微笑。

他再问每一位观众："现在，你们对哪一个人更有兴趣？"答案也是一样的，观众们选择了那个面带微笑的人。

如果让微笑伴随着生命的全过程，那么会使我们超越很多自身的局限，使我们的生命自始至终生机勃发。

用你的笑脸去欢迎每一个人，那么你会成为最受欢迎的人。

做个圆滑的老实人

俗话说，人善被人欺，马善被人骑，老实人似乎总容易吃亏上当，一直把头埋下去，别人会觉得我们是老黄牛，任劳任怨、任打任骂。而如果为人过于溜须拍马、油嘴滑舌，别人又会心存轻视，背后称我们为"老油条"，那怎么样才能让别人觉得我们是一个老实人，又不吃亏呢？答案就是：在该表现的时候表现，该隐藏的时候隐藏。

对于现代社会的人来说，展示自己并不困难，而隐藏自己就不简单了。隐藏智慧往往是智者的第一选择。才能出众、四处张扬之人并不是真的智慧之人，有智慧的人往往不显山、不露水。

西汉的张良是汉高祖刘邦的谋士，他智慧过人，屡出奇计，为西汉的建立立下了汗马功劳。西汉六年（公元前201年），刘邦大封功臣，刘邦说他"运筹帷幄之中，决胜千里之外，这是子房的功劳"，请他自选齐地三万户，作为封邑。张良推辞不受，最后被封为留侯。

张良的谦逊，令很多人不解。刘邦的另一位谋士陈平就曾问张良："先生功高盖世，荣宠受之无愧，又何必拒绝呢？我们追随皇上，出生入死，今有幸得偿所愿，先生不该轻言舍弃。"

陈平见张良一笑不答，又说："先生足智多谋，非常人所能测度，莫非先生别有筹划？"

张良敛笑正容，口道："我家几世辅佐韩国，秦灭韩时，我幸存其身，得报大仇，我愿足矣。我凭三寸不烂之舌，做了帝王的辅佐，贵为列侯，我还有什么悔憾呢？我只求追随仙人遨游四方了。"

张良从此闭门不出，在家潜心修炼神仙之术。跟随张良多年的心腹一次忍不住问张良说："富贵荣华，这是人人都不愿放弃的，大人何以功成之时，一概不求呢？大人也曾是义气中人，这样销声匿迹，岂不太可惜了吗？请大人三思。"

张良随口一叹说："正因如此，我才有如此抉择啊！"张良的心腹闻言一怔，茫然不语。张良低声说："我年轻时，散尽家财，行刺秦王，追随沛公，唯恐义不倾尽，智有所穷，方有今日的虚名。时下大局已定，天下太平，谋略当是无用之物了，我还能彰显其能吗？谋有其时，智有其废，进退应时，方为智者啊！"

张良和外人从不袒露心声，好友探望他，他从不议论时事。一次，群臣因刘邦要废掉太子刘盈之事找他相商，他枯坐良久，最后只轻声说："皇上有此意愿，定有其道理，做臣子的怎能妄加评议呢？我对太子素来敬重，只恨我人微言轻，不能帮太子进言了。"

群臣苦劝，张良只是婉拒。群臣悻悻而去，张良的心腹对张良说："大人一口回绝，群臣皆有怨色，再说废立太子乃天下大事，大人怎忍置身事外，不闻不问呢？"

张良怅怅道："皇上性情，我是深知的啊。此事千头万绪，关系甚大，纵使我有心插手，只怕也会惹来一身的麻烦。群臣怪我事小，皇上忌怪于我事大，我又能怎么样呢？"

吕后派吕泽去强求张良，软硬兼施之下，张良无奈给他出了主意，让吕后请出商山四皓辅佐太子。刘邦一直崇敬这四个人，待见他们出山相助太子，大惊失色，自知太子羽翼已成，不得不放弃了废太子的念头。

吕后派人向张良致谢，张良却回绝说："这都是皇后的高见，与我何干呢？请转奏皇后，此事千万不要再提起了。"

吕后听了使者回报，感叹良久，她对自己的妹妹说："张良不居功是小，弃智绝俗才是大啊。我先前只知道他智谋超群，今日才知他是深不可测，非我等可以窥伺得了的。"

刘邦死后，吕后专权。张良对世事的变故一概不问，求见他的大臣他也一律不见。吕后见他潜心研学道家养生之术，便不以他为患，反而对他愈生钦敬，她派人对张良说："人的一生，十分短暂，应该及时享乐。听闻你为炼仙术，竟致绝食，何须如此？切不要自寻烦恼了。"

在吕后的一再催促下，张良这才勉强用饭。吕后对其他的大臣或杀或贬，却独对张良关爱有加。

张良在可以邀功的时候只选择拒绝，可以说是一个老实得有点傻的人了，可是他的老实没有让人觉得他好欺负，相反大家依然敬重他。可以说，适当圆滑是良好交往能力的体现。我们也应该向张良学习。在工作当中，对不同类型的同事应采取不同的策略，还要让我们的顶头上司了解和喜欢我们，与上级保持良好的人际关系，以便更好地开展工作。面对想要干的事，既要执著，又要会变通，要学会保护自己的利益，不卷入让自己有可能摔跟头的陷阱里，做一个圆滑的老实人。

做个"弹簧人"

为人处世，要像弹簧那样能伸能缩，在不同的外力下呈现出不同的状态。像弹簧一样屈伸自如，是古今中外为人处世之妙法。

明代嘉靖年间，给事官李乐清正廉洁。有一次他发现科考舞弊，立即写奏章给皇帝，皇帝对此事不予理睬。他又面奏，结果把皇帝惹火了。嘉靖以故意揭短罪，传旨在李乐的嘴巴上贴封条，并规定谁也不准去揭。封了嘴巴，不能进食，就等于给他定了死罪。这时，旁边站出一个官员，走到李乐面前，不分青红皂白，大声责骂："君前多言，罪有应得！"一边大骂，一边打了李乐两记耳光，当即把封条打破了。由于他是帮助皇帝责骂李乐，皇帝当然不好怪罪。其实此人是李乐的学生，在这关键时刻，他"曲"意逢迎，巧妙地救了自己的老师。如果他不顾情势，犯颜"直"谏，非但救不了老师，自己怕也难脱连累。这个方法的使用真是巧妙至极。

看来做个好人，不仅仅是清廉耿直就可以了，还要适时弯曲，这样才能为国为民做更多更大的贡献。

成功者多是懂得做"弹簧人"妙处的，为了达到最大化利益，他们往往会弯曲自己，达到目的。

做个"弹簧人"是为人处世的必需，为了达到最终的目的，弯曲一下又如何？

与人抬杠，伤人不利己

不与人抬杠的原因起码有两点。

第一，如果是敌人，既然道不同，那就用不着去抬杠来争个孰是孰非。

第二，如果是朋友，屈从一下又如何？一定要争个高下反而会伤感情。

早年的林肯出言尖刻，甚至到了与人决斗的地步。后来他接受教训，在非原则问题上，总是避免与别人争执。按他的话说："宁可给一条狗让路，也比与它冲突而被咬一口好。如果被咬伤了，即使把狗杀掉，也无济于事，得不偿失。"

林肯身材瘦高，腿长。一次，有位自命不凡的同事不无讥讽地问林肯："一个人的两条腿应该有多长？"

林肯沉稳地答道："我认为至少应该碰得到地面。"

林肯的精妙回答，既有效地避免了二人之间的冲突，消解了火药味，又反转了自己被讥讽的尴尬局面，实在是语言中的高手。

美国有位总统马辛利，因为用人问题常遭到一些人强烈的反对。在一次国会会议上，有位议员当面粗野地讥骂他。他极力忍耐，没有发作。等对方骂完了，他才用温和的口吻道："你现在怒气应该平和了吧，照理你是没有权利这样责问我的，但现在我仍愿详细解释给你听……"他的这种低调让人姿态，使那位议员顿时红了脸，矛盾立即缓和下来。

试想，如果马辛利得理不让人，利用自己的职位和得理的优势，咄咄逼人进行反击的话，那对方绝不会服气的。由此可见，当双方处于尖锐对抗状态时，得理者的忍让态度，能使对立情绪"降温"。

与人抬杠是一场双败战，除了浪费口舌、浪费时间、增加矛盾、让旁人看好戏之外，没有任何益处。

图书在版编目（CIP）数据

别让不好意思害了你 / 连山编著 . -- 北京 ：线装
书局， 2018.3
ISBN 978-7-5120-3020-6

Ⅰ . ①别… Ⅱ . ①连… Ⅲ . ①心理交往－通俗读物
Ⅳ . ① C912.11-49

中国版本图书馆 CIP 数据核字（2017）第 302260 号

别让不好意思害了你

编　　著：	连　山
责任编辑：	白　晨
出版发行：	线装書局

地　址：北京市丰台区方庄日月天地大厦 B 座 17 层（100078）
电　话：010-58077126（发行部）010-58076938（总编室）
网　址：www.zgxzsj.com

经　　销：新华书店
印　　制：三河市中晟雅豪印务有限公司
开　　本：880mm×1230mm　　1/32
印　　张：8.5
字　　数：190 千字
版　　次：2018 年 3 月第 1 版第 1 次印刷
印　　数：0001—5000 册

定　　价：32.00 元

线装书局官方微信

别让不好意思害了你

　　造成"不好意思"的原因有很多种，不懂得拒绝、太过缺乏自信、爱面子等，这些都会使你经常把"不好意思"挂在嘴边。本书通过大量的事实和案例深入浅出地探讨了"不好意思"这种现象产生的原因，分析了"不好意思"的危害，引导读者去掉不好意思的心理。

别让不好意思害了你

策 划 人 | 侯海博　　　　封面设计 | 李艾红
编　　著 | 连　山　　　　特约编辑 | 聂尊阳
责任编辑 | 白　晨　　　　美术编辑 | 李丝雨

我们每天都在被不好意
思伤害着，短时期积累
下来是危害，一辈子积
累下来让你失败。

学会拒绝别人的不合理要求，学会赞
美和沟通，不再懦弱和自卑，做生活
中的主人，做内心强大的自己。